AUTONOMIA DA ESCOLA

princípios e propostas

Dados Internacionais de Catalogação na Publicação (CIP)
(Câmara Brasileira do Livro, SP, Brasil)

Autonomia da escola : princípios e propostas / Moacir Gadotti, José E. Romão (orgs.). – 7. ed. – São Paulo : Cortez, 2012.

Vários autores.
Bibliografia.
ISBN 978-85-249-1770-7

1. Autonomia escolar 2. Educação e Estado I. Gadotti, Moacir II. Romão, José E.

12-06885 CDD-370.115

Índices para catálogo sistemático:

1. Autonomia escolar : Educação 370.115

Moacir Gadotti • José E. Romão (Orgs.)

AUTONOMIA DA ESCOLA

princípios e propostas

7ª edição

CORTEZ EDITORA

AUTONOMIA DA ESCOLA: princípios e propostas
Moacir Gadotti e José E. Romão (Orgs.)

Capa: Ricardo Cesar de Andrade
Revisão: Cibele Cesario da Silva
Composição: Linea Editora Ltda.
Coordenação editorial: Danilo A. Q. Morales

Obra em conformidade ao NOVO ACORDO da Língua Portuguesa

Direitos para esta edição
CORTEZ EDITORA
Rua Monte Alegre, 1074 – Perdizes
05014-001 – São Paulo – SP
Tel.: (11) 3864-0111 Fax: (11) 3864-4290
E-mail: cortez@cortezeditora.com.br
www.cortezeditora.com.br

Impresso no Brasil – junho de 2013

Ao educador que significou os oprimidos aos olhos do Brasil e do mundo.

Crianças, jovens e adultos, mulheres e homens, saíram do anonimato.
Reconheceram-se sem-liberdade, sem-igualdade, sem-segurança,
sem-terra, sem-teto, sem-escola, sem-saúde, sem-trabalho, sem-lazer...
Perceberam-se brancos, negros, índios, amarelos...
Descobriram-se criadoras e criadores de cultura, seres em construção, sujeitos históricos.
Conquistaram voz, vez, espaço, identidade. Tornaram-se cidadãs e cidadãos ativos.

Àquele que se dedicou às esfarrapadas e aos esfarrapados do mundo,
que permitiu que muitas e muitos neles se descobrissem e,
descobrindo-se nelas e neles com elas e com eles sofreram,
e, sobretudo, juntos, lutaram, lutam e seguirão lutando.

A PAULO FREIRE, mestre da cidadania e da autonomia.

Sumário

Apresentação

No período de 22 a 30 de abril de 1997 tive o grato convite para mediar uma série de sete debates no Programa "Um Salto para o Futuro" da TVE-Rio de Janeiro, cujo tema central foi: *Construindo a Escola Cidadã — Projeto Político-Pedagógico*. O conjunto de temas foi organizado pelo Instituto Paulo Freire, sob a Coordenação Geral do prof. Moacir Gadotti. Com a mesma satisfação aceitei o convite para efetivar a apresentação deste livro e explicitar, de forma breve, minha concepção de Escola Cidadã.

Os textos que subsidiaram os debates, enriquecidos pelos mesmos e acrescidos de outros correlatos, formam a presente coletânea cujo objetivo básico é de subsidiar, no plano teórico, ético-político e, portanto, da práxis, todos aqueles que atuam no âmbito de um projeto alternativo de relações sociais e de processos educativos, na escola ou em outros espaços, na construção de uma cidadania efetiva. Esta, aliás, tem sido a busca permanente do Instituto desde sua criação e, anterior a ele, do amplo e denso trabalho de Paulo Freire. E foi no segundo programa da série acima aludida que Paulo Freire deixou um de seus últimos depoimentos antes de sua inesperada morte, justamente sobre sua concepção de Escola Cidadã.

Os textos aqui reunidos procuram explicitar, de forma articulada, os elementos fundamentais da concepção da Escola Cidadã e os instrumentos mediante os quais se constrói o Projeto Político-Pedagógico que a viabiliza. Esta construção pressupõe uma orgânica articulação com a sociedade imediata — bairro ou comunidade local, vila, cidade — e vínculos mediatos com a esfera estadual, nacional e global. O ponto de partida da produção material da vida e da produção social do conhecimento, da cultura e da cidadania é sempre local. Este conjunto de relações, todavia, não pode fixar-se no local, sob pena de se tornar antidemocrático. O processo de humanização e a cidadania implicam a superação do localismo e do particularismo e, portanto, o estabelecimento de relações num âmbito nacional e global. Dentre os instrumentos ou estratégias de caráter imediato na relação escola-sociedade destaca-se a Carta Escolar, o Planejamento Coletivo e Socializado, a gestão democrática e elementos de manejo e controle democrático dos recursos destinados ao financiamento da educação.

O leitor poderia perguntar: por que falar de cidadania e de Escola Cidadã se o sistema escravocrata e servil foi abolido e se vivemos em sociedades com liberdades democráticas? Esta pergunta demanda outra: de que cidadania e democracia estamos falando?

Um breve retrospecto na história nos dá conta de que, até o momento, a humanidade viveu uma democracia e cidadania profundamente precárias. Na sociedade antiga e medieval, sob os regimes escravocratas e servis, a democracia e a cidadania eram privilégios das classes dirigentes. Isto era considerado natural. A revolução burguesa estatuiu uma democracia e cidadania formal e legalmente iguais para todos, mas por tratar-se de uma sociedade classista estrutura-se em relações sociais de exclusão. Relações estas antidemocráticas e violadoras da cidadania efetiva, pois não oferecem a todos efetivamente uma materialidade de possibilidades equalitárias. Refere-se a uma cidadania regulada pelo mercado. E este, como nos lembra o historiador Eric Hobsbawm, *exclui como gás carbônico polui*. Por isso, desde a Revolução Francesa, buscou-se construir uma esfera pública burguesa. A partir dos anos 40 do século XX, por luta da classe trabalhadora e por imposição das próprias contradições do capitalismo, aproximadamente duas dezenas de países, mediante o Estado de Bem-Estar, dilataram a esfera pública burguesa para grandes massas, garantindo, dessa forma, acesso aos direitos sociais de saúde, educação, habitação, transporte, cultura e lazer, seguro e salário-desemprego e aposentadoria digna. Isto, todavia, não atingiu países como o Brasil. Aqui vivemos o Estado de mal-estar social, sob o patrimonialismo e populismo e com fortes traços do estigma escravocrata e servil. Somos uma sociedade de fraca democracia e cidadania mensuradas pelos perversos indicadores da pior distribuição de renda do mundo e de índices de analfabetismo, desemprego, subemprego, violência e indigência.

Este quadro de cidadania e democracia ausentes ou precárias está hoje agravado pelo ajuste neoliberal que vem liquidando os parcos espaços de esfera pública ampliados pelas lutas dos trabalhadores. No Brasil, especialmente nos últimos 60 anos, dois projetos básicos de desenvolvimento social e econômico estiveram em disputa: vinculação subordinada ao grande capital internacional ou uma relação soberana, que implicava um projeto autossustentado de desenvolvimento. A fraca burguesia brasileira, sempre mantendo relações incestuosas com as oligarquias, nunca logrou ser hegemônica em seu projeto de um capitalismo subordinado ao grande capital. O golpe de 64 é a prova dos noves desta falta de hegemonia. Tampouco conseguiu-a nos anos de transição. O governo atual reitera hoje a simbiose da fraca burguesia nacional com as oligarquias, agora, porém, dentro de um projeto hegemônico de longo prazo, em que a reeleição a qualquer preço — com os mais diversos métodos de cooptação — é o sintoma mais claro. Um governo que até agora governa autocraticamente, desmobilizando a sociedade civil e impondo um ajuste neoliberal, subordinado à globalização excludente e violento. Este ajuste dá-se mediante três estratégias articulares e complementares: desregulamentação, descentralização e autonomia e privatização.

A desregulamentação significa sustar o máximo de leis, normas, regulamentos que asseguram direitos (confundidos mormente com privilégios) para não inibir as leis de tipo natural do mercado.

A descentralização e autonomia constituem um mecanismo de transferir aos agentes econômicos, sociais e educacionais a responsabilidade de disputar no mercado a venda de seus produtos ou serviços. Opera-se uma metamorfose do plano dos direitos para o plano dos serviços os quais cada cidadão deve comprar. Compra quem pode, e os demais são excluídos e tidos como incompetentes.

A privatização fecha o círculo do ajuste. O ponto crucial aqui é, sobretudo, a diluição e esterilização da possibilidade de o Estado fazer política econômica e social.

Mais do que nunca, então, faz sentido falar-se e lutar-se por uma democracia e cidadania estatuintes, ativas e efetivas. A construção da Escola Cidadã pressupõe, concomitantemente, a construção de relações sociais efetivamente democráticas e equalitárias. Ou seja, a luta pela cidadania, no campo educacional, é a mesma luta pela cidadania que constrói a emancipação humana no conjunto das lutas sociais — pela terra, pela distribuição de renda e reforma agrária, pelo emprego e remuneração digna, pelo direito a saúde, educação, trabalho, seguro-desemprego e aposentadoria etc. O principal desafio, neste particular, para os educadores, é o de não transgredir no campo dos valores e no âmbito da leitura crítica da realidade. Se para os neoliberais, baseados na tese básica de seu pai maior Hayek, a igualdade e a democracia levam à servidão e a liberdade do mercado é o valor essencial, para nós, é fundamental firmar como princípio básico universal a *igualdade, a solidariedade e a democracia efetiva*. Igualdade não quer dizer uniformidade, como quer fazer crer o neoliberalismo. Ao contrário, é a única autêntica diversidade. Neste sentido, o lema de Marx conserva hoje imensa atualidade e pluralidade: *a cada um, segundo suas necessidades, de cada um, segundo suas capacidades.*

A Escola Cidadã constitui-se, então, numa perspectiva unitária de sociedade e de educação. Unitário, ao contrário de uniforme e único, significa síntese do diverso. Esta diversidade, todavia, somente é democrática se as condições básicas, isto é, a materialidade objetiva e subjetiva de produção social da existência humana for efetivamente equalitária. A ideia de projeto de uma sociedade e educação unitária tem na sua base pressupostos ético-políticos, epistemológicos e político-pedagógicos.

No âmbito político, o pressuposto é de que é necessário distinguir as determinações e as mediações fundamentais de um determinado fenômeno das secundárias. Ou seja, no processo histórico, necessitamos distinguir aquelas determinações que, se alteradas, modificam estruturalmente a natureza dos fatos ou das relações sociais, daquelas que alteram sem mudar sua essência estrutural.

No plano epistemológico, o pressuposto básico é de que a compreensão dos fatos e da realidade social implica articulá-los no âmbito de uma totalidade histórica. Na construção do conhecimento isto implica combatermos a fragmentação e o particularismo e no domínio curricular distinguir o que é o eixo básico de um campo do conhecimento de problemas das mais diferentes ordens. Ao contrário da dispersão, o desafio é buscar núcleos que em sua unidade tenham o diverso. Isto vale também para a perspectiva de um curso, disciplina ou aula.

No plano político-pedagógico, o eixo da proposta de uma escola unitária cidadã funda-se na perspectiva que tem como centro os alunos enquanto sujeitos sociais e as suas múltiplas necessidades, dimensões e diversidades. Isso requer que se parta da leitura das determinações concretas da própria realidade. Não é uma escola, portanto, que se organiza num ponto de partida arbitrário. O senso comum, a cultura, a vida, os valores, os saberes, e até mesmo os preconceitos dos diferentes sujeitos e grupos sociais são o ponto de partida para a organização da escola, do conhecimento e dos processos formativos. O ponto de chegada será uma cultura e um saber orgânicos, articulados e socialmente significativos para as classes populares.

Os textos que constituem esta coletânea, na minha leitura, inscrevem-se num amplo campo de lutas das classes populares cujo objetivo é a instauração de relações sociais de novo tipo — equalitárias e solidárias. Relações em cuja materialidade possam efetivamente construir-se a democracia e a cidadania de direito e de fato e onde o humano não seja esgarçado pela desigualdade, violência e indigência. Campo este que busca construir um projeto, portanto, com uma perspectiva diametralmente oposta e antagônica ao ideário neoliberal imposto hoje à sociedade brasileira. Trata-se de textos abertos ao debate e, por isso, ao diálogo crítico. Neles estão inscritos os elementos de resistência aos processos sociais excludentes e às práticas educativas conservadoras e autoritárias e os elementos de construção de processos e práticas alternativos. O convite é, pois, não à simples leitura, mas a uma leitura ativa.

Rio de Janeiro, 7 de julho de 1997.

Gaudêncio Frigotto
Professor titular da Faculdade de Educação
da Universidade Federal Fluminense.

Introdução

ESCOLA E DEMOCRACIA
Um tema revisitado

"É que a democracia, como qualquer sonho, não se faz com palavras desencarnadas, mas com reflexão e prática."

(Paulo Freire. *Professora sim, tia não*, p. 91)

Um país marcado por tantas desigualdades sociais e por uma tradição histórica de autoritarismo, que alijou dos processos de participação a maioria da população, mostra-se carente de **canais institucionais de intervenção popular** na definição das políticas públicas que possam reverter o quadro que ora se apresenta. Em relação à educação, ouvimos, frequentemente, que ela é prioridade entre essas políticas. Municípios, Estados e União definem quanto de seus recursos serão destinados a esta área e divulgam que não só o acesso, mas também a permanência e a qualidade de ensino devem ser garantidos.

Paralelamente a esse discurso, o que temos visto no nosso dia a dia, com algumas exceções, é uma constante deterioração das condições de trabalho dos educadores e, consequentemente, do ensino oferecido pela escola pública. Esta constatação nos faz perceber que algo está errado e nos leva a alguns questionamentos: se o discurso é tão favorável, por que a escola pública encontra-se nessas condições? Será que os recursos a ela destinados têm sido suficientes? Será que os recursos a ela destinados estão sendo bem aplicados? Que **prioridades** têm sido consideradas: construção de novos prédios, reformas, melhoria da merenda, melhoria da qualidade de ensino, melhoria dos salários e das condições de trabalho dos professores, criação de uma maneira mais democrática de gerir a escola, priorizando a participação de alunos, de professores, de pais e de funcionários? Como e quem tem definido essas prioridades? A comunidade tem tido acesso às informações e tem sido chamada a dar sua parcela de contribuição?

A participação possibilita à população um aprofundamento do seu grau de organização e uma melhor compreensão do Estado, influindo de maneira mais efetiva no seu funcionamento.

Em relação à escola, ela contribui para a democratização das relações de poder no seu interior e, consequentemente, para a melhoria da qualidade do ensino. Todos os segmentos da comunidade podem compreender melhor o funcionamento da escola, conhecer com mais profundidade todos os que nela estudam e trabalham, intensificar seu envolvimento com ela e, assim, acompanhar melhor a educação ali oferecida.

Há mais de dez anos Estados e Municípios vêm desenvolvendo experiências de sucesso no campo da gestão democrática do ensino público. Depois da promulgação da **Constituição Federal** de 1988, que instituiu a "gestão democrática do ensino público" (art. 206, inciso VI), o debate se intensificou e alguns Estados já sancionaram suas leis que dispõem sobre o tema, mesmo antes de uma regulamentação nacional.

A **Lei de Diretrizes e Bases da Educação Nacional** (LDB), n. 9.394, de 20 de dezembro de 1996, estabelece como princípio a *gestão democrática do ensino público, na forma desta Lei e das legislações dos sistemas de ensino* (art. 3°, VIII). E no artigo 15, define os **princípios** da gestão democrática:

Os sistemas de ensino definirão as normas da gestão democrática do ensino público na educação básica, de acordo com as suas peculiaridades e conforme os seguintes princípios:

I — participação dos profissionais da educação na elaboração do projeto pedagógico da escola;

II — participação das comunidades escolar e local em Conselhos de Escola ou equivalentes.

A Constituição promulgada em 1988 é o principal fundamento da gestão democrática do ensino público, pois, além de prevê-la expressamente no artigo 206, institui a "democracia participativa" e possibilita o exercício "direto" do poder (art. 1º), e o "regime de colaboração" entre União, Distrito Federal, Estados e Municípios (art. 211).

Além da Constituição, há também o **Estatuto da Criança e do Adolescente** (Lei n. 8.069/1990) que incentiva a participação da criança na tomada de decisões no que diz respeito à sua vida. Prevê expressamente o direito da criança e do adolescente à "liberdade de opinião e expressão" (arts. 15 e 16). Comentando estes artigos, o professor da USP José Afonso da Silva (In: *Estatuto da Criança e do Adolescente: comentários jurídicos e sociais*, Munir Cury, org., UNICEF, 1992, p. 67) afirma:

a) *A liberdade de opinião resume a liberdade de pensamento e de manifestação do pensamento, prevista no art. 5º, IV, da CF, não explicitamente referido no art. 16 (...) A criança e o adolescente devem sempre ser ouvidos, quando queiram, ou devem emitir sua opinião, mormente nos assuntos que lhes digam respeito* (arts. 28, § 1º; 45, § 2º; 11, V; 124, I-III e VIII; 161, § 2º, e 168).

b) *A liberdade de expressão está consagrada no art. 5º, IX, da CF, onde se declara que é livre a expressão da atividade intelectual, artística, científica e de comunicação, independentemente de censura ou licença. A criança e o jovem deveriam ser sempre estimulados ao exercício dessas atividades, sem limites. A liberdade de expressão constitui um fator de formação da personalidade da mais alta relevância.*

Nesse sentido, a gestão democrática faz parte da própria natureza do ato pedagógico. Ela se fundamenta numa **concepção democrática da educação**, contra uma concepção centralizadora e autoritária:

— *O primeiro e indiscutível direito da criança é aquele que lhe permite expressar livremente suas ideias* (Janusz Korczak, precursor dos direitos da criança, 1929, in *Como amar uma criança*, p. 67);

— *Toda criança é um ser dotado de inteligência, que pensa e deve ter o direito de pensar com sua própria cabeça* (Dalmo de Abreu Dallari, in *Direito da criança ao respeito*, p. 28).

O aluno aprende apenas quando ele se torna sujeito da sua aprendizagem. Para isso, precisa participar das decisões que dizem respeito ao projeto da escola que faz parte também do projeto de sua vida. Passamos muito tempo na escola para sermos meros clientes dela. Não há educação e aprendizagem sem sujeito da educação e da aprendizagem.

Como movimento histórico-social, a gestão democrática já vem exercendo **influência positiva** sobre a educação brasileira como um todo:

a) sobre a **estrutura** e o **funcionamento dos sistemas**: "colaboração" entre os sistemas e comunicação direta da administração com as escolas;

b) sobre a **organização do trabalho na escola**: autonomia, projeto político-pedagógico e avaliação compartilhada (escola e sistema);

c) sobre o **órgão de gestão da educação**: plano estratégico de participação, canais de participação (ampliação do acesso à informação) e, por isso, transparência administrativa;

d) sobre a **qualidade do ensino**: formação para a cidadania (cria possibilidades de participar da gestão pública);

e) sobre a definição e acompanhamento da política educacional: o aumento da capacidade de fiscalização da sociedade civil sobre a execução da política educacional se não tem extinguido, pelo menos tem diminuído os ***lobbies*** **corporativistas**.

Por tudo isso, concluímos que a gestão democrática tornou-se, hoje, condição necessária da reforma educacional brasileira.

Neste livro, estaremos oferecendo ao leitor ***princípios e propostas*** da gestão democrática na perspectiva da Escola Cidadã. Eles serão apresentados em onze capítulos.

No primeiro artigo, intitulado **Gestão democrática do ensino público: condição da reforma educacional brasileira**, o professor José Eustáquio Romão, Diretor do IPF em Juiz de Fora (MG), apresenta alguns traços da gestão escolar e educacional verificados no decorrer da história brasileira. Esses traços mostram, de um lado, que o poder governamental tem sido personalizado e a educação brasileira, hierarquizada. De outro lado, revelam possíveis caminhos para que o trabalhador em geral possa atuar coletivamente e buscar sua integração ao sistema de ensino.

No artigo intitulado **Projeto Político-Pedagógico da Escola**, o professor Moacir Gadotti, Diretor do Instituto Paulo Freire e professor da Faculdade de Educação da Universidade de São Paulo, observa que a crise paradigmática que atinge a escola pode ser superada através da elaboração do projeto político-pedagógico, na perspectiva da escola cidadã, inserida num contexto de profundas transformações e de reconhecimento da diversidade étnico-cultural que caracteriza o planeta. Mais do que um conjunto de objetivos, metas e procedimentos, o projeto político-pedagógico da escola se caracteriza por uma certa atmosfera de renovação educacional que a envolve. Para instituir um novo projeto é preciso partir do instituído — legislação, normas, currículos, programas, história da escola... — mas não ficar nele. Isso exige mudança de mentalidade em direção à maior autonomia e participação de todos os segmentos que trabalham na escola, portanto, em direção à gestão democrática. Apresenta ainda, neste artigo, limites e possibilidades, elementos facilitadores e dificultadores à instauração de um processo democrático de construção do projeto político-pedagógico da escola.

Em **Escola Cidadã: a hora da sociedade**, artigo assinado por Gadotti & Romão, verifica-se que, em princípio, toda escola pode ser cidadã enquanto realizar a concepção de educação que visa a formar para a cidadania e para o desenvolvimento. Se o Estado, a sociedade civil e a sociedade econômica entenderem melhor qual é o papel da educação na formação para a cidadania e para o desenvolvimento nacional, encontrarão com mais facilidade os recursos para a construção de uma escola de qualidade para todos. Por isso, enquanto a escola não for de todos, enquanto todos não se interessarem por ela, ela não poderá ser para todos. Continuando o debate do primeiro tema, os autores mostram que a escola cidadã não é um projeto burocrático, inventado por especialistas. É um projeto que está sendo construído no interior de um movimento histórico-cultural de renovação da educação no Brasil e em outros países.

Em seguida, tratamos da **Carta Escolar: instrumento de planejamento coletivo**. A complexidade do tema e a variada gama de problemas que ele aborda exigiram o esforço coletivo de quatro pesquisadores do Instituto Paulo Freire: José Eustáquio Romão, Paulo Roberto Padilha, Custódio Gouvêa Lopes da Motta e Misael Geraldo Souza Camargo. O primeiro já foi identificado. O segundo será mais adiante. O Professor Custódio é engenheiro e leciona no curso de computação da Universidade Federal de Juiz de Fora (MG). Seu envolvimento no projeto da Carta Escolar tem sido fundamental, principalmente no desenvolvimento dos cruzamentos de dados coletados no Censo Escolar e na elaboração do *software* correspondente. O Professor Misael é geógrafo de formação, Professor aposentado do Departamento de Geociências da Universidade Federal de Juiz de Fora e membro do Instituto Paulo Freire. O projeto político-pedagógico da escola cidadã parte do instituído, da realidade da escola e de seu entorno. Essa realidade precisa ser conhecida, diagnosticada e avaliada. Neste sentido, este texto apresenta um instrumento essencial desse processo: a Carta Escolar. Trata-se de um levantamento exaustivo da capacidade instalada de uma unidade escolar, tanto em termos de recursos físicos — instalações, equipamento, material didático etc. — quanto dos recursos humanos (docentes e não docentes), da jurisdição, da entidade mantenedora, da área de abrangência, das características socioeconômicas dos alunos, do histórico de sua evolução ao longo dos anos e da demanda real e potencial que se dirige à unidade escolar. A Carta Escolar é um instrumento indispensável para a elaboração do projeto político-pedagógico e do Planejamento Socializado Ascendente em todos os níveis educacionais: escolar, municipal, estadual e federal.

Ângela Antunes Ciseski, Professora da Rede Municipal de Ensino de São Paulo e Mestre em Educação pela Faculdade de Educação da Universidade de São Paulo, e o professor José Eustáquio Romão analisam no quinto texto os **Conselhos de Escolas: coletivos instituintes da Escola Cidadã**. A ideia dos Conselhos Escolares — denominados "colegiados" em alguns Estados e Municípios — surgiu no final da década de 1970 com o objetivo de democratizar as relações de poder no interior das escolas. O Conselho de Escola é um colegiado formado por todos os segmentos da comunidade escolar: pais, alunos, professores, direção e demais funcionários. Através dele, todas as pessoas ligadas à escola podem se fazer representar e decidir sobre aspectos administrativos, financeiros e pedagógicos, tornando este coletivo não só um canal de participação, mas também um instrumento de gestão da própria escola. Normalmente os Conselhos de Escola desempenham quatro funções: consultiva, deliberativa, normativa e fiscal. Os autores abordam alguns aspectos relacionados à sua constituição, institucionalização e funcionamento.

No texto seguinte, intitulado **Planejamento Socializado Ascendente na escola**, os professores José Eustáquio Romão e Paulo Roberto Padilha, Mestrando na FE-USP e membro do Instituto Paulo Freire (SP), demonstram que o projeto democrático da escola exige também uma metodologia democrática. Não se pode implantar a democracia por decreto. Neste texto, eles analisam uma concepção participativa de planejamento: o Planejamento Socializado Ascendente. Trata-se de pensar e realizar o planejamento enquanto processo que se constrói a partir da integração das forças de todos os sujeitos, segmentos ou grupos comunitários e sociais que, direta ou indiretamente, convivem e atuam na escola (Planejamento Socializado). Além de permitir a participação, esse tipo de planejamento supõe que as propostas das escolas possam influenciar, de maneira mais consistente, os demais níveis de planejamento educacional: municipal, estadual e federal, bem como as autoridades responsáveis por eles na elaboração de políticas educacionais (Planejamento Ascendente).

Paulo Roberto Padilha e José Eustáquio Romão analisam também o tema **Diretores escolares e gestão democrática da escola**. Afirmam que o diretor, como liderança e responsável maior da escola, deve ter um papel decisivo na construção do projeto político-pedagógico. A forma de sua escolha é, por isso mesmo, também sumamente importante. No Brasil, o diretor de escola tem sido escolhido através de diferentes recursos: nomeação direta ou através de listas oferecidas ao nomeador, concurso, esquemas mistos e também por meio de eleição direta. O tipo de vínculo e de relação do diretor com a instituição educativa e com a comunidade escolar se altera, dependendo da forma como ele é escolhido. A experiência brasileira mostra, por exemplo, que, quando a escolha se dá através da eleição direta, o diretor passa a ter um compromisso explícito com aqueles que o elegeram. Este compromisso tem-se revelado fator determinante na democratização da gestão e na melhoria da qualidade do ensino da escola pública. Por isso, é necessário conhecer e discutir cada vez mais essa temática no âmbito da escola e de toda a sociedade, com vistas à possibilidade da institucionalização dessa escolha democrática.

Em seguida, o artigo do Professor José Eustáquio Romão, intitulado **Financiamento da Escola Cidadã e Cálculo de Custo-Aluno-Ano**, apresenta, sinteticamente, a metodologia de cálculo do Custo-Aluno-Ano (AAA), desenvolvida pelo Instituto Paulo Freire, que organiza e facilita a gestão de todas as unidades gestoras do sistema educacional, em todos os seus níveis, para tanto, parte de uma análise que pretende contribuir para a realização do planejamento escolar, na medida em que oferece aos educadores uma visão geral sobre a questão dos recursos vinculados à educação, indica alguns instrumentos para uma intervenção na gestão financeira da escola e convida o leitor a refletir sobre a autonomia financeira da unidade escolar a partir do que Romão chama de "pacote" legal referente à educação (EC n. 14/1996, Leis ns. 9.394/1996 e 9.424/1996).

O Professor Moacir Gadotti, em **Uma escola, muitas culturas**, mostra que as escolas possuem suas próprias singularidades — resultado de suas contradições — e que todas elas podem ser cidadãs. Dentre os movimentos contemporâneos de educação, um dos mais ricos é o da multiculturalidade. A escola não pode cristalizar-se numa só concepção de cultura. Ela precisa abrir-se para novas manifestações culturais, no sentido do próprio respeito pelo outro que é, ao mesmo tempo, o professor, o aluno, os pais e a comunidade, todos frutos do seu meio. Por isso, trabalha, entre outros, os conceitos de identidade, cultura popular, cultura elaborada, cultura da cidadania e mostra que o êxito ou o fracasso do aluno e da aluna — principalmente os que provêm das classes populares — dependem do equacionamento da relação entre identidade cultural e itinerário educativo. A escola deve ser **local** como ponto de partida, mas deve ser **nacional** e **internacional** como ponto de chegada.

No texto intitulado **Da municipalização do ensino ao Sistema Único e Descentralizado de Educação Básica** (SUDEB), Moacir Gadotti, com base numa reflexão coletiva do Instituto Paulo Freire e das discussões levadas a cabo no Estado do Mato Grosso, traça a evolução dos debates em torno da municipalização do ensino para chegar ao Sistema Único e Descentralizado da Educação Básica. Esse sistema, já previsto na nova LDB, pode ser uma nova oportunidade para a educação brasileira, na medida em que preserva a unidade e, ao mesmo tempo, favorece a autonomia da escola. O SUDEB instaura, de fato, o "regime de colaboração" previsto na Constituição de 1988 e também no parágrafo único do artigo 11 da nova LDB (Lei n. 9.394/96) em que está previsto que "os municípios poderão optar, ainda, por se integrar ao sistema estadual de ensino ou compor com ele um sistema único de educação básica". O SUDEB, portanto, acaba com a atual separação entre as redes de ensino. O aluno não é "municipal", nem "estadual" e nem "federal"; ele é, simplesmente, aluno de uma escola **pública**.

Finalmente, apresentamos, para debate, um **Anteprojeto de Lei Nacional de Gestão Democrática do Ensino Público (LGD)** que regulamenta o artigo 206, inciso VI, da Constituição Federal e dá outras providências. O Instituto Paulo Freire, através deste anteprojeto, destaca a necessidade de se regulamentar a gestão democrática do ensino público, a partir de uma ampla discussão sobre um novo modelo de gestão educacional. Consideradas as tão diversas realidades brasileiras, entendemos que esta lei deve apresentar apenas princípios gerais e ser o mais flexível possível.

Moacir Gadotti e *José Eustáquio Romão*
Organizadores

1

GESTÃO DEMOCRÁTICA DO ENSINO PÚBLICO

Condição da reforma educacional brasileira

*José Eustáquio Romão**

A discussão sobre a forma de se tomar decisões, individual ou coletivamente, implica algumas considerações:

Por mais iluminada que seja a descoberta de uma verdade ou por mais consistente e oportuna que seja uma tomada de decisão individual, se não socializada, ela corre o risco de morrer com quem a descobriu ou ter dificuldade de ser implementada na prática.

Na trajetória da humanidade isso pode ser percebido, desde quando, nos primórdios de sua arrancada para o processo civilizatório, o homem primitivo, buscando soluções individuais para os desafios da natureza hostil e percebendo que a própria espécie estaria ameaçada

* **José Eustáquio Romão** é diretor do Instituto Paulo Freire e Secretário de Governo do Município de Juiz de Fora (MG). Foi Secretário de Educação do mesmo Município. Publicou, entre outras: *Município e educação* (1993), *Poder local e educação* (1994) e *Dívida externa e educação* (1995).

com tais soluções, superou o "individualismo zoológico" e buscou associar-se com os semelhantes para construir respostas coletivas aos reptos que se lhe colocavam.

A imposição das escolhas pessoais dificilmente compromete o coletivo com sua execução e com seus resultados.

Por pior que seja a deliberação e ação coletivas, o preço pago por sua falta de consistência e inoportunidade forçará, ainda que pela via negativa, um aprendizado do grupo, preparando-o melhor para as decisões e ações subsequentes.

No Brasil, a forma de colonização e o processo histórico elitista e excludente posterior criaram uma verdadeira **cultura personalista**, que pode ser facilmente percebida nas referências do senso comum ao "Governo". Quando se fala em "Governo Federal", geralmente as pessoas estão se referindo ao Presidente da República; quando mencionam o "Governo Estadual", quase sempre querem dizer o Governador do Estado e quando usam a expressão "Governo Municipal", querem, usualmente, denominar o Prefeito. Esquecem-se de que, nas três instâncias, mesmo numa democracia liberal burguesa, há outros poderes, constitutivos, juntamente com o Executivo, do Governo.

Na raiz deste viés individualista está certamente a **concepção patrimonialista do Estado** a que se refere Raymundo Faoro no seu já clássico *Os Donos do Poder* (1975: I, p. 28 e 29):

Patrimonial, Estado Patrimonial, Monarquia Patrimonial derivam do conceito de patrimonium, *cuja literal tradução poderia induzir a equívocos. Há, ao lado da propriedade da Coroa, a propriedade particular, reconhecida e assegurada pelos príncipes. Sobre a propriedade — dos reis ou dos particulares — há uma sobrepropriedade, identificada com o território, abrangendo o comando — mal separado do domínio — sobre coisas e pessoas, sobre todas as coisas e todas as pessoas. Esta sobrepropriedade, identificando o poder com a coisa sobre o qual se exerce, leva a considerar o habitante do território com o súdito, sobre o qual paira o poder do príncipe. Resto moderno da doutrina patrimonial será o discernir no direito de expropriação uma expressão do domínio eminente, direito, atualmente indenizável, em respeito à propriedade privada. No Estado Patrimonial havia, latente, o poder de comando, direção e apropriação sobre pessoas e bens, sem que os súditos pudessem legar, no caso de inversão da propriedade ou exigência de serviços, indenizações ou compensações. No fundo — nas formas puras de patrimonialismo, formas realmente construídas — o domínio seria uma concessão do príncipe, como concessão era toda a atividade econômica.*

A tradição da *Monarquia Patrimonial* transferiu-se para o Brasil e imiscuiu-se na concepção de Estado, que, até mesmo após o processo de ruptura do *Pacto Colonial* e do *Pacto Monárquico*, continuou mantendo a eminência do titular do Executivo.

As normas republicanas burguesas, embora formalmente democráticas, serão lidas sob interpretações geradoras, não de direitos e deveres, mas de favores e obrigações; as administrações públicas não configurarão relações políticas, mas enredarão governantes e governados nas teias do compadrio e do fisiologismo; o exercício do poder não se identificará com um serviço, mas se confundirá com a dádiva.

Além do traço patrimonialista de nossa colonização, destaca-se outro, também prejudicial à criação de uma tradição participativa: "os colonizadores portugueses consideravam-se de passagem pelo Brasil, dispostos a enriquecer e a voltar para a Europa..." (Leite, 1983, p. 333). Encaravam as relações com a Colônia como um empreendimento mercantil, não buscando nela uma alternativa de nova pátria, como o fizeram os colonos da América do Norte, mas apenas como uma fonte de enriquecimento rápido. Por consequência, desenvolveram uma colonização que não se preocupou com uma ação construtiva de uma formação social orgânica e democrática. Deve-se ressalvar, contudo, os exageros, o ecletismo e o "sentimento de inferioridade diante dos Estados Unidos" — já destacado por Dante Moreira Leite (op. cit., p. 330-336) — a obra de Viana Moog (1954), como ensaio de História Comparada, ressalta as diferenças entre um processo colonizador e outro, enfatizando a autodeterminação dos "pioneiros" do norte e o "bandeirismo" predatório ocorrido no Brasil.

E quando o povoamento se colocou como instrumento indispensável da empresa mercantil colonizadora, estabeleceu-se aqui o Modo de Produção Escravista Colonial ou Moderno (Gorender, 1978) e sua decorrente rígida estratificação social (senhores *x* escravos), que não abria qualquer possibilidade de participação popular no processo decisório, na medida em que o direito escravista sequer admitia a igualdade formal defendida pelo direito burguês. Como traço alienado/alienante incorporado ou como estratégia de sobrevivência, a idealização da superioridade de uma elite — "capaz de atos de vontade" e separada de uma massa de executantes "desprovidos dessa faculdade" — sobreviveu no país, até mesmo após a ruptura das relações de produção escravistas, transfigurando-se, inicialmente, no *Coronelismo*, e, posteriormente, com resquícios ainda nos dias que correm, no *Populismo*. O primeiro estribou-se nas pautas da caudilhagem local e o segundo estendeu-se às próprias relações do Estado com a Sociedade Civil.

Já é do domínio da politologia brasileira a interpretação de que o *Varguismo*, por exemplo, encontrou espaço favorável na psicologia coletiva das massas camponesas migrantes para os centros urbanos, na medida em que a ruptura das relações compadrio e o consequente sentimento de desamparo foram habilmente "compensadas" pela substituição da figura do *coronel* pela do *pai dos pobres*. E quando o povo é chamado à arena política, sua atuação não ultrapassa os limites da legitimação de decisões já tomadas pelo líder carismático.

Weffort (1978, p. 15) refere-se a este fenômeno como uma "ação preventiva" das classes dominantes:

> *Por força da clássica antecipação das `elites', as massas populares permaneceram neste período [1930 a 1964] (e permanecem ainda nos dias atuais) o parceiro-fantasma no jogo político. Foram a grande força que nunca chegou a participar diretamente dos grandes embates, sempre resolvidos entre os quadros políticos dos grupos dominantes, alguns dos quais reivindicando para si a interpretação legítima dos interesses populares.*

Entendemos também que a dificuldade **de participação popular nos processos decisórios** das diversas instâncias políticas decorre não de seu absenteísmo, ataraxia ou apatia em relação aos negócios públicos, mas de obstáculos construídos e colocados à sua frente pelos que querem ter o monopólio da decisão.

As formas de estruturação das relações políticas mais amplas no Brasil acabaram por penetrar e perpassar toda a sociedade, invadindo até mesmo as instâncias mais capilares de administração das coisas públicas. A escola não ficou alheia a esse processo sonegador da autoafirmação pessoal pela participação nas decisões coletivas, particularmente porque, nessa instituição brasileira, até o sufrágio para a escolha dos dirigentes só mais recentemente tem penetrado — não sem bravas resistências — em seu espaço político. Ainda que presente, há mais tempo, nas outras instâncias da vida pública brasileira, o sufrágio teve várias limitações para as classes populares e, mesmo quando universalizado, transformou a "relação política numa relação entre indivíduos" (Weffort, op. cit., p. 20), certamente por causa da fraca densidade popular dos partidos políticos e de outras formas institucionais de representação.

Em conclusão, ao longo de nossa história, o que se observa é "a hipertrofia dos executivos e o elevado grau de personalização do poder governamental" (Weffort, op. cit., p. 21), contagiando todas as instituições, agências, órgãos e entidades públicas, nos quais o titular do cargo mais importante reproduz a rigidez da hierarquização à qual se submete, cassando a voz e a decisão dos demais atores com os quais administra, transformando-os em executores de suas "sábias ordens" e em "beneficiado" o público-alvo dos serviços por ele prestados.

E, no que diz respeito às **formas institucionais de representação social**, as camadas populares, por força das relações diferenciadas que a Sociedade Capitalista e o Estado Burguês estabelecem com as classes sociais, se veem envolvidas com maiores dificuldades do que as classes dominantes para a efetivação da participação e da representação (Offe, 1984, p. 61 e segs.).

Mesmo no nível do senso comum percebe-se a diferença de tratamento dispensado aos movimentos organizativos populares e aos promovidos pela elite. Certamente, há razões mais estruturais que explicam tais diferenças, porque não interessa aos governos, ainda que elitistas, deixar explícita tal discriminação, especialmente se considerarmos o horizonte liberal — embora formal — da liberdade e da igualdade. Dentre as razões das diferentes dinâmicas das práticas associativas do capital e do trabalho, podem ser destacadas:

1ª) Enquanto as organizações de trabalhadores são "secundárias", as dos detentores do capital são "primárias". Antes de fazerem parte de qualquer entidade de representação social de sua classe, o trabalhador vincula-se, primariamente, como empregado, a uma outra organização: a empresa capitalista. E na sua relação competitiva (disputa pelo emprego no mercado de trabalho) e atomizada (contrato individual) com o capital (forma integrada e cristalizada de "trabalho morto", resultante de trabalhos anteriores), tem de associar-se com outros semelhantes, superando os conflitos resultantes da competição mencionada, para fazer frente à poderosa fusão de numerosas unidades de trabalho "morto" sob a forma de capital.

2ª) As associações de trabalhadores têm de apresentar maior elasticidade na sua capacidade estratégica e tática, porque a gama de interesses é mais ampla e heterogênea, tanto pelo número maior de trabalhadores do que de capitalistas, quanto porque a indissociabilidade entre suas próprias pessoas e a mercadoria que vendem (força de trabalho) gera uma grande variação de necessidades: recompensas materiais, satisfação no trabalho, condições de saúde e lazer, continuidade do emprego etc.

3ª) O processo de alienação a que as relações de produção capitalista submetem tanto os detentores do capital quanto os produtores diretos (individualização) favorece mais aos primeiros, pois seus interesses podem ser satisfeitos por ações mais individualizadas do que os dos segundos, além de se inscreverem melhor nos limites de sua consciência possível.

4ª) Individualmente ou por meio de suas associações, os empresários gozam de vantagens estratégicas, uma vez que Estado Burguês depende do sucesso da acumulação para o exercício do poder: "Mesmo antes que comece a pressionar o Governo com reivindicações políticas, o capital goza de uma posição de controle indireto sobre assuntos públicos" (Offe, op. cit., p. 79). Além disso, tais relações

> *publicamente menos visíveis (porque há uma necessidade menor de mobilizar o apoio de aliados externos), mais técnicas (porque o reconhecimento do que seria politicamente `desejável', ou seja a indispensabilidade factual, pode ser pressuposto como já acordado), mais universais (porque, dado o fato de que o Governo tem de considerar como desejável o que, de fato, é desejável para o capital, o único que resta a ser feito é advertir os Governos contra decisões e medidas imprudentes, `irrealistas' e possivelmente inoportunas)* (Id., ib., p. 80).

Em resumo, a **atuação da elite** busca uma integração sistêmica, um padrão instrumental-monológico, apresentando um potencial de poder externo à organização, sendo ele exercido, defensivamente, através de lideranças, de modo dissimulado e disperso. Além disso, a comunicação entre seus membros se dá em termos imperativos técnicos e a legitimação de suas iniciativas e propostas se dá em nome de "interesses universais". Em contrapartida, os trabalhadores têm de buscar uma integração social via padrões dialógicos e o seu potencial de poder tem de ser criado pela própria organização, para ser exercido, defensivamente, através de seus próprios membros, manifesto e concentrado. Suas comunicações internas têm de se construir nas demandas e reivindicações particulares normativas explícitas e sua legitimação se baseia na defesa de interesses específicos.

Embora apresente suas especificidades, as relações dos membros das associações coletivas populares, que se dão fora das relações de produção propriamente ditas, são afetadas por esses condicionantes estruturais mais abrangentes da sociedade em que se insere a escola, facilitando ou dificultando a mobilização, organização e conquista de espaço político.

Não é difícil enxergar, por exemplo, as diferenças dos tipos de relações que se estabelecem entre famílias que *mantêm* filhos em escolas particulares e seus respectivos dirigentes e agentes, das que se dão entre pais que *têm* filhos matriculados em escolas públicas e seus respectivos profissionais. Aliás, a própria conduta de muitos profissionais que trabalham nas duas redes se altera, dependendo da clientela a que atendem.

A instituição de **coletivos nas escolas** apresenta-se, dialeticamente, como uma instância mediadora que é, ao mesmo tempo, um mecanismo de absorção das tensões e dos conflitos de interesses e um instrumento potencial de inovação e transformação, na medida em que abre espaço para a explicitação daquelas tensões e conflitos represados, camuflados ou inibidos. Nas escolas brasileiras, eles surgiram em dois níveis e em diferentes conjunturas.

Primeiramente, ainda no contexto dos governos de exceção, foram criados e implantados os "conselhos de classe", cujas origens, segundo Dalben (1992), podem ser recuadas a 1958, quando um grupo de educadores brasileiros estagiou na França — país pioneiro na criação e implantação desses coletivos (1945) — e trouxe a ideia para o Brasil, experimentando-a no Colégio de Aplicação da Universidade Federal do Rio de Janeiro.

Eles se generalizam na escola pública brasileira como uma instância coletiva de avaliação do desempenho dos alunos, sobrepondo-se à "autonomia do professor" — anteriormente entendida e praticada como verdadeira soberania no processo de verificação da aprendizagem. A iniciativa combina-se com a criação e introdução, na instituição escolar, dos "especialistas" (supervisores, orientadores etc.). Embora escape aos limites desse trabalho, é importante lembrar que os dois processos interagiam no sentido do controle do trabalho docente e, contraditoriamente, o parcelamento do trabalho pedagógico, propiciado pela divisão de funções entre os professores e especialistas — numa linha "fordista" — poderia confrontar-se com a possibilidade de recuperação da dimensão de totalidade, no trabalho dos conselhos de classe.

Ainda que não expressos na Lei n. 5.692, de agosto de 1971, que estabeleceu as "diretrizes e bases do ensino de 1º e 2º graus", os conselhos de classe instituíram-se, formalmente, em quase todas as escolas brasileiras, por força das orientações do Programa de Expansão e Melhoria do Ensino (PREMEN), regulamentado pelo Decreto n. 63.914, de 27 de dezembro de 1968, e pelas indicações e normas dos conselhos estaduais de educação.

Num outro nível, com uma amplitude maior de atuação e sob as denominações de "comissões", "conselhos" ou "colegiados", os coletivos surgiram na educação brasileira a partir do **início da década de 1980**, quando da chamada "transição democrática", que permitiu a reaproximação da sociedade civil com o Estado, através da eleição de políticos que catalisavam os sentimentos oposicionistas — represados por duas décadas — aos governos militares de exceção.

Em Minas Gerais, a eleição de Tancredo Neves para o Governo do Estado permitiu a ocupação dos palácios da Praça da Liberdade, especialmente o da educação, por um grupo de esquerda que, imediatamente, como "carro-chefe" de sua administração, propôs a realização do I Congresso Mineiro de Educação. Todo este movimento se dava no cenário de mobilização do professorado que, no período imediatamente anterior, por meio de uma greve (1979), organizou-se na União dos Trabalhadores do Ensino, lutou pela recuperação salarial, pela reorganização democrática das escolas e pela melhoria da qualidade de ensino (Prais, 1990).

Mas foi o I Congresso Mineiro de Educação que deu uma dimensão nacional à ideia de que a implantação da gestão democrática nas escolas passava, obrigatoriamente, pela participação coletiva dos agentes intraescolares e dos atores extraescolares (comunidade) no processo de planejamento e implementação de suas atividades. Das conclusões da plenária final do Congresso constou, com destaque, a necessidade de criação e implantação dos "colegiados" em todas as escolas do Estado. Como os representantes das demais redes de ensino participaram também, ativamente, das diversas fases do Congresso as escolas municipais iniciaram processo semelhante.

É perfeitamente suportável para a ideologia liberal ou neoliberal a ideia de que "ninguém melhor do que o interessado para saber o que é do seu interesse" (Jeremy Bentham), isto é, o interesse genuíno dos **atores sociais** determina a legitimidade de sua autodeterminação específica. O que não cabe nela é a ideia de que através do processo coletivo de deliberação abre-se um espaço potencial de possibilidades de transformação e de substituição da própria estrutura social, na medida em que ele possibilita a explicitação da consciência para si.

A crítica radical tem se colocado, no mínimo, reticente e de um modo geral contrária à assunção, pela comunidade, de funções gestionárias no sistema escolar, amparada no argumento de que isso significa um passo em direção à privatização do ensino.

Reportando-nos a uma correlação estabelecida por Fernandes (1994, p. 21) entre agentes, setores e fins públicos e privados, temos o seguinte quadro de possibilidades:

Agentes	**Fins**	**Setores**
privados	privados	mercado
públicos	públicos	Estado
privados	públicos	terceiro setor
públicos	privados	(corrupção)

Como no Estado Burguês, conforme já vimos, sua tendência estrutural é atender aos interesses privados de uma determinada camada social, que "traveste", ideologicamente, seus próprios interesses particulares em *interesses de todos*, a segunda linha do quadro poderia se imbricar na última. E como a correlação estabelecida na primeira linha atende, intrínseca e explicitamente, aos interesses da minoria, restaria a alternativa do **Terceiro Setor**, isto é, a dos *agentes privados*, buscando a satisfação de interesses públicos. "Privados", embora constituindo a maioria, porque, para alcançar a universalização dos direitos, sua ação inicial terá de se orientar para a discriminação positiva dos excluídos pelo processo seletivo e concentrador da Sociedade Capitalista.

Os analistas que têm se debruçado sobre o Terceiro Setor pecam quando o colocam na dependência do voluntarismo — porque "seus serviços dependem, em grande medida, de doações [e de engajamentos] voluntárias" (Fernandes, op. cit., p. 24) — e inserido nas esferas de influência do Estado Burguês e do mercado, embora sendo "não governamental" e "não lucrativo". Pensamos residir aí a fragilidade estrutural das ONGs, cuja perspectiva não se coloca no horizonte do controle popular das instituições e recursos estatais, nem na direção da superação da Sociedade Capitalista.

Quando defendemos a participação das camadas populares nos conselhos escolares — um dos mais importantes instrumentos da gestão democrática da escola pública — apontamos para o controle popular de uma das agências públicas mais importantes para a guerra de movimento na luta contra-hegemônica.

2

PROJETO POLÍTICO-PEDAGÓGICO DA ESCOLA

Fundamentos para a sua realização

*Moacir Gadotti**

Até muito recentemente a questão da escola limitava-se a uma escolha entre ser tradicional e ser moderna. Essa tipologia não desapareceu, mas não responde a todas as questões atuais da escola. Muito menos à questão do seu projeto.

A crise paradigmática também atinge a escola e ela se pergunta sobre si mesma, sobre seu papel como instituição numa sociedade pós-moderna e pós-industrial, caracterizada pela **globalização da economia, das comunicações, da educação e da cultura**, pelo **pluralismo político**, pela **emergência do poder local**. Nessa sociedade cresce a reivindicação pela **participação** e **autonomia** contra toda forma de uniformização e o desejo de afirmação da singularidade de cada

* **Moacir Gadotti** é professor titular da Universidade de São Paulo e diretor do Instituto Paulo Freire. Escreveu, entre outras obras: *Escola cidadã* (1992), *História das ideias pedagógicas* (1993) e *Pedagogia da práxis* (1995).

região, de cada língua etc. A **multiculturalidade** é a marca mais significativa do nosso tempo.

Como isso se traduz na escola?

Nunca o discurso da autonomia, cidadania e participação no espaço escolar ganhou tanta força. Estes têm sido temas marcantes do debate educacional brasileiro de hoje. Essa preocupação tem-se traduzido sobretudo pela reivindicação de um **projeto político-pedagógico** próprio de cada escola. Neste texto, gostaríamos de tratar deste assunto, sublinhando a sua importância, seu significado, bem como as dificuldades, obstáculos e elementos facilitadores da elaboração do projeto político-pedagógico.

Começaremos esclarecendo o próprio título: "*projeto político-pedagógico*". Entendemos que todo projeto pedagógico é necessariamente político. Poderíamos denominá-lo, portanto, apenas "*projeto pedagógico*". Mas, a fim de dar destaque ao político dentro do pedagógico, resolvemos desdobrar o nome em "*político-pedagógico*".

Frequentemente se confunde **projeto** com **plano**. Certamente o plano diretor da escola — como conjunto de objetivos, metas e procedimentos — faz parte do seu projeto, mas não é todo o seu projeto.

Isso não significa que objetivos, metas e procedimentos não sejam necessários. Mas eles são insuficientes, pois, em geral, o plano fica no campo do **instituído** ou melhor, no cumprimento mais eficaz do instituído, como defende hoje todo o discurso oficial em torno da "qualidade", e, em particular, da "qualidade total". Um projeto necessita sempre rever o instituído para, a partir dele, instituir outra coisa. Tornar-se **instituinte**. Um projeto político-pedagógico não nega o instituído da escola que é a sua história, que é o conjunto dos seus currículos, dos seus métodos, o conjunto dos seus atores internos e externos e o seu modo de vida. Um projeto sempre confronta esse instituído com o instituinte.

Não se constrói um projeto sem uma direção política, um norte, um rumo. Por isso, todo projeto pedagógico da escola é também político. O projeto pedagógico da escola é, por isso mesmo, sempre um processo inconcluso, uma etapa em direção a uma finalidade que permanece como horizonte da escola.

- De quem é a responsabilidade da constituição do projeto da escola?

O projeto da escola não é responsabilidade apenas de sua direção. Ao contrário, numa gestão democrática, a direção é escolhida a partir do reconhecimento da **competência** e da **liderança** de alguém capaz de executar um projeto coletivo. A escola, nesse caso, escolhe primeiro um projeto e depois essa pessoa que pode executá-lo. Assim realizada, a eleição de um diretor ou de uma diretora se dá a partir da escolha de um projeto político-pedagógico para a escola. Portanto, ao se eleger um diretor de escola, o que se está elegendo é um projeto para a escola.

Como vimos, o projeto pedagógico da escola está hoje inserido num cenário marcado pela **diversidade**. Cada escola é resultado de um processo de desenvolvimento de suas próprias contradições. Não existem duas escolas iguais. Diante disso, desaparece aquela arrogante pretensão de saber de antemão quais serão os resultados do projeto para todas as escolas de um sistema educacional. A arrogância do dono da verdade dá lugar à criatividade e ao diálogo. A pluralidade de projetos pedagógicos faz parte da história da educação da nossa época.

Por isso, não deve existir um padrão único que oriente a escolha do projeto de nossas escolas. Não se entende, portanto, uma escola sem autonomia, autonomia para estabelecer o seu projeto e autonomia para executá-lo e avaliá-lo.

A **autonomia** e a **gestão democrática** da escola fazem parte da própria natureza do ato pedagógico. A gestão democrática da escola é, portanto, uma exigência de seu projeto político-pedagógico.

Ela exige, em primeiro lugar, uma **mudança de mentalidade** de todos os membros da comunidade escolar. Mudança que implica deixar de lado o velho preconceito de que a escola pública é apenas um aparelho burocrático do Estado e não uma conquista da comunidade.

A gestão democrática da escola implica que a comunidade, os usuários da escola, sejam os seus dirigentes e gestores e não apenas os seus fiscalizadores ou, menos ainda, os meros receptores dos serviços educacionais. Na gestão democrática pais, mães, alunas, alunos, professores e funcionários assumem sua parte de responsabilidade pelo projeto da escola.

Há pelo menos duas razões que justificam a implantação de um processo de gestão democrática na escola pública:

1ª) A escola deve **formar para a cidadania** e, para isso, ela deve dar o exemplo. A gestão democrática da escola é um passo importante no aprendizado da democracia. A escola não tem um fim em si mesma. Ela está a serviço da comunidade. Nisso, a gestão democrática da escola está prestando um serviço também à comunidade que a mantém.

2ª) A gestão democrática pode melhorar o que é **específico da escola**, isto é, o seu ensino. A participação na gestão da escola proporcionará um melhor conhecimento do funcionamento da escola e de todos os seus atores; propiciará um contato permanente entre professores e alunos, o que leva ao conhecimento mútuo e, em consequência, aproximará também as necessidades dos alunos dos conteúdos ensinados pelos professores.

A autonomia e a participação — pressupostos do projeto político-pedagógico da escola — não se limitam à mera declaração de princípios consignados em algum documento. Sua presença precisa ser sentida no Conselho de Escola ou Colegiado, mas também na escolha do livro didático, no planejamento do ensino, na organização de eventos culturais, de atividades cívicas, esportivas, recreativas. Não basta apenas assistir às reuniões.

A gestão democrática deve estar impregnada por uma certa **atmosfera** que se respira na escola, na circulação das informações, na divisão do trabalho, no estabelecimento do calendário escolar, na distribuição das aulas, no processo de elaboração ou de criação de novos cursos ou de novas disciplinas, na formação de grupos de trabalho, na capacitação dos recursos humanos etc. A gestão democrática é, portanto, **atitude** e **método**. A atitude democrática é necessária, mas não é suficiente. Precisamos de métodos democráticos de efetivo exercício da democracia. Ela também é um aprendizado, demanda tempo, atenção e trabalho.

Existem, certamente, algumas **limitações** e **obstáculos** à instauração de um processo democrático como parte do projeto político-pedagógico da escola. Entre eles, podemos citar:

a) a nossa pouca experiência democrática;

b) a mentalidade que atribui aos técnicos e apenas a eles a capacidade de planejar e governar e que considera o povo incapaz de exercer o governo ou de participar de um planejamento coletivo em todas as suas fases;

c) a própria estrutura de nosso sistema educacional que é vertical;

d) o autoritarismo que impregnou nossa prática educacional;

e) o tipo de liderança que tradicionalmente domina nossa atividade política no campo educacional.

Enfim, um **projeto político-pedagógico** da escola apoia-se:

a) no desenvolvimento de uma consciência crítica;

b) no envolvimento das pessoas: comunidade interna e externa à escola;

c) na participação e na cooperação das várias esferas de governo;

d) na autonomia, responsabilidade e criatividade como processo e como produto do projeto.

O projeto da escola depende, sobretudo, da **ousadia** dos seus agentes, da ousadia de cada escola em assumir-se como tal, partindo da "cara" que tem, com o seu cotidiano e o seu tempo-espaço, isto é, o contexto histórico em que ela se insere.

Um projeto político-pedagógico constrói-se de forma **interdisciplinar**. Não basta trocar de teoria como se ela pudesse salvar a escola.

Pelo que foi dito até agora, o projeto pedagógico da escola pode ser considerado como um momento importante de renovação da escola. Projetar significa "lançar-se para a frente", antever um futuro diferente do presente. Projeto pressupõe uma ação intencionada com um sentido definido, explícito, sobre o que se quer inovar. Nesse processo podem-se distinguir **dois momentos**:

a) o momento da concepção do projeto;

b) o momento da institucionalização e implementação do projeto.

Todo projeto supõe **rupturas** com o presente e **promessas** para o futuro. Projetar significa tentar quebrar um estado confortável para arriscar-se, atravessar um período de instabilidade e buscar uma nova estabilidade em função da promessa que cada projeto contém de estado melhor do que o presente. Um projeto educativo pode ser tomado como promessa frente a determinadas rupturas. As promessas tornam visíveis os campos de ação possível, comprometendo seus atores e autores.

A noção de projeto implica sobretudo **tempo**:

a) **Tempo político** — Define a oportunidade política de um determinado projeto.

b) **Tempo institucional** — Cada escola encontra-se num determinado tempo de sua história. O projeto que pode ser inovador para uma escola pode não ser para outra.

c) **Tempo escolar** — O calendário da escola, o período no qual o projeto é elaborado é também decisivo para o seu sucesso.

d) **Tempo para amadurecer as ideias** — Só os projetos burocráticos são impostos e, por isso, revelam-se ineficientes a médio prazo. Há um tempo para sedimentar ideias. Um projeto precisa ser discutido e isso leva tempo.

Como **elementos facilitadores** de êxito de um projeto, podemos destacar:

1º) **Comunicação** eficiente. Um projeto deve ser factível e seu enunciado facilmente compreendido.

2º) **Adesão voluntária** e consciente ao projeto. Todos precisam estar envolvidos. A corresponsabilidade é um fator decisivo no êxito de um projeto.

3º) **Suporte institucional e financeiro**, que significa: vontade política, pleno conhecimento de todos — principalmente dos dirigentes — e recursos financeiros claramente definidos.

4º) **Controle, acompanhamento e avaliação** do projeto. Um projeto que não pressupõe constante avaliação não consegue saber se seus objetivos estão sendo atingidos.

5º) Uma **atmosfera**, um ambiente favorável. Não se deve desprezar um certo componente mágico-simbólico para o êxito de um projeto, uma certa mística que cimenta a todos os que se envolvem no *design* de um projeto.

6º) **Credibilidade**. As ideias podem ser boas, mas, se os que as defendem não têm prestígio, comprovada competência e legitimidade, o projeto pode ficar limitado.

7º) **Referencial teórico** que facilite encontrar os principais conceitos e a estrutura do projeto.

A falta desses elementos obstaculiza a elaboração e a implantação de um projeto novo para a escola. A implantação de um novo projeto político-pedagógico da escola enfrentará sempre a descrença generalizada dos que pensam que de nada adianta projetar uma boa escola enquanto não houver vontade política dos "de cima". Contudo, o pensamento e a prática dos "de cima" não se modificarão enquanto não existir pressão dos "de baixo". Um projeto político-pedagógico da escola deve constituir-se num verdadeiro processo de **conscientização** e de **formação cívica**; deve ser um processo de recuperação da importância e da **necessidade do planejamento** na educação.

Tudo isso exige certamente uma **educação para a cidadania**.

- O que é "educar para a cidadania"?

A resposta a essa pergunta depende da resposta à outra pergunta: "O que é cidadania?"

Pode-se dizer que cidadania é essencialmente consciência de direitos e deveres e exercício da democracia. Não há cidadania sem democracia.

A democracia fundamenta-se em três direitos:

- **direitos civis**, como segurança e locomoção;
- **direitos sociais**, como trabalho, salário justo, saúde, educação, habitação etc.;
- **direitos políticos**, como liberdade de expressão, de voto, de participação em partidos políticos e sindicatos etc.

O conceito de cidadania, contudo, é um **conceito ambíguo**. Em 1789 a *Declaração dos Direitos do Homem e do Cidadão* estabelecia as primeiras normas para assegurar a liberdade individual e a propriedade. Existem diversas concepções de cidadania: a liberal, a neoliberal, a progressista ou socialista democrática (o socialismo autoritário e burocrático não admite a democracia como valor universal e despreza a cidadania como valor progressista).

Existe hoje uma **concepção consumista** de cidadania (não ser enganado na compra de um bem de consumo) e uma concepção oposta que é uma **concepção plena** de cidadania, que consiste na mobilização da sociedade para a conquista dos direitos acima mencionados e que devem ser garantidos pelo Estado. A concepção liberal e neoliberal de cidadania — que defende o "Estado mínimo", a privatização da educação e que estimula a concentração de renda — entende que a cidadania é apenas um produto da solidariedade individual (da "gente de bem") entre as pessoas e não uma conquista no interior do próprio Estado. A cidadania implica instituições e regras justas. O Estado, numa visão socialista democrática, precisa exercer uma ação — para evitar, por exemplo, os abusos econômicos dos oligopólios —, fazendo valer as regras definidas socialmente.

Cidadania e **autonomia** são hoje duas categorias estratégicas de construção de uma sociedade melhor em torno das quais há frequentemente consenso. Essas categorias se constituem na base da nossa identidade nacional tão desejada e ainda tão longínqua, em função do arraigado individualismo tanto das nossas elites, quanto das fortes corporações emergentes, ambas dependentes do Estado paternalista.

O movimento atual da chamada "escola cidadã" está inserido nesse novo contexto histórico de busca de identidade nacional. A "escola cidadã" surge como resposta à burocratização do sistema de ensino e à sua ineficiência.

É nesse contexto histórico que vem se desenhando o projeto e a realização prática da escola cidadã em diversas partes do país, como uma alternativa nova e emergente. Ela vem surgindo em numerosos municípios e já se mostra nas preocupações dos dirigentes educacionais em diversos Estados brasileiros.

Movimentos semelhantes já ocorreram em outros países. Vejam-se as "Citizenship Schools" que surgiram nos Estados Unidos nos anos 1950, dentro das quais se originou o importante movimento pelos Direitos Civis naquele país, colocando dentro das escolas americanas a educação para a cidadania e o respeito aos direitos sociais e humanos.

Do movimento histórico-cultural a que nos referimos, estão surgindo alguns **eixos norteadores** da escola cidadã: a integração entre educação e cultura, escola e comunidade (educação multicultural e comunitária), a democratização das relações de poder dentro da escola, o enfrentamento da questão da repetência e da avaliação, a visão **interdisciplinar** e **transdisciplinar** e a formação permanente dos educadores. A interdisciplinaridade refere-se à estreita relação que as disciplinas mantêm entre si e, a transdisciplinaridade, à superação das fronteiras existentes entre as disciplinas, indo, portanto, além da interação e reciprocidade existentes entre as ciências.

Da nossa experiência vivida nesses últimos anos, tentando entender esse movimento, **algumas lições** podemos tirar que nos levam a acreditar nessa concepção/realização da educação. Por isso, baseado nessa crença, apresentamos um "decálogo" no livro *Escola cidadã*, em 1992. Para nós, a escola cidadã surge como uma realização concreta dos ideais da **escola pública popular**, cujos princípios vimos defendendo, ao lado de Paulo Freire, nas últimas duas décadas. Concretamente, dessa experiência vivida, pudemos tirar algumas lições. Para finalizar, gostaríamos de mencionar pelo menos quatro:

1ª) **A escola não é o único local de aquisição do saber elaborado**. Aprendemos também nos fins de semana, como costuma dizer Emilia Ferreiro.

2ª) **Não existe um único modelo** capaz de tornar exitosa a ação educativa da escola. Cada escola é fruto de suas próprias contradições. Existem muitos caminhos, inclusive para a aquisição do saber elaborado. E o caminho que pode ser válido numa determinada conjuntura, num determinado local ou contexto, pode não o ser em outra conjuntura ou contexto. Por isso, é preciso incentivar a experimentação pedagógica e, sobretudo, ter uma mentalidade aberta ao novo e não atirar pedras no caminho daqueles que buscam melhorar a educação.

3ª) Todos não terão acesso à educação enquanto todos — trabalhadores e não trabalhadores em educação, estado e sociedade civil — não se interessarem por ela. **A educação para todos supõe todos pela educação.**

4ª) Houve uma época em que pensávamos que as pequenas mudanças impediam a realização de uma grande mudança. Por isso, no nosso entender, elas deveriam ser evitadas e todo o investimento deveria ser feito numa transformação radical e ampla. Hoje, minha certeza é outra: **a grande mudança exige também o esforço contínuo, solidário e paciente das pequenas ações**. Estas, no dia a dia, construídas passo a passo, numa certa direção, também são essenciais à grande mudança. E o mais importante: devem ser feitas hoje. Como dizia Paulo Freire, "a melhor maneira que a gente tem de fazer possível amanhã alguma coisa que não é possível ser feita hoje, é fazer hoje aquilo que hoje pode ser feito. Mas se eu não fizer hoje o que hoje pode ser feito e tentar fazer hoje o que hoje não pode ser feito, dificilmente eu faço amanhã o que hoje também não pude fazer".

Isso, de forma alguma, significa renunciar ao sonho da construção de uma sociedade justa e humana, nem jogar no lixo da História nossa utopia revolucionária. Precisamos sobretudo da utopia neossocialista contra a ideologia neoliberal que prega o fim da utopia e da história. Estamos convencidos, acima de tudo, de que a educação, mais do que passar por uma melhoria da qualidade do ensino que está aí, como sustenta o Banco Mundial, precisa de uma transformação radical, exigência premente e concreta de uma mudança estrutural provocada pela inevitável globalização da economia e das comunicações, pela revolução da informática a ela associada e pelos novos valores que estão refundando instituições e convivência social na emergente sociedade pós-moderna. Por isso, como afirmamos no início do texto, não se constrói um projeto político-pedagógico sem uma direção política, um norte, um rumo.

3

ESCOLA CIDADÃ

A hora da sociedade

Moacir Gadotti e José Eustáquio Romão

Em princípio, toda escola pode ser cidadã enquanto realizar uma concepção de educação orientada para:

a) **a formação para a cidadania ativa**. Acreditamos que a escola pode incorporar milhões de brasileiros à cidadania e deve aprofundar a participação da sociedade civil organizada nas instâncias de poder institucional;

b) **a educação para o desenvolvimento**. Entendemos que a educação é condição *sine qua non* para o desenvolvimento autossustentado do país. A educação básica é um bem muito precioso e de maior valor para o desenvolvimento.

O nosso *apartheid* social não será superado apenas com uma melhor distribuição de renda e com a solidariedade das classes médias. Será preciso preparar os jovens para o trabalho. A educação básica de qualidade para todos é um dos fatores fundamentais para acabar com a miséria, como ficou demonstrado por países como a Suécia e a Coreia do Sul, que, em algumas décadas, deram um salto para o Primeiro

Mundo, graças a investimentos massivos na educação. Isso exige uma clara reorientação dos investimentos públicos em educação básica — sem comprometer os outros níveis de ensino — e uma compreensão nova do público e do estatal. Investir mais em educação hoje, no Brasil, sem rever o **modelo de gestão da escola pública**, não seria condição suficiente para reverter o processo de deterioração do ensino básico.

Se o Estado, a sociedade civil e a sociedade econômica entenderem melhor qual é o papel da educação na formação para a cidadania e para o desenvolvimento nacional, encontrarão com mais facilidade os recursos para a construção de uma escola de qualidade para todos.

O Brasil passou por um primeiro momento em que a educação estava entregue unicamente nas mãos da **iniciativa confessional e privada**, que ofereceu uma escola perfeitamente adequada às necessidades dos poucos que tinham oportunidade de frequentá-la. Em seguida, houve uma forte intervenção do **Estado** que, pressionado pela população, expandiu as oportunidades educacionais, mas não considerou a necessidade de preparar as escolas para as consequências resultantes desse processo. Estamos vivendo hoje um momento diferente, um momento de busca de síntese entre qualidade e quantidade. É a **vez da sociedade**.

No Brasil, o tema da **autonomia da escola** encontra suporte na própria ***Constituição***, promulgada em 1988, que institui a "democracia participativa" e cria instrumentos que possibilitam ao povo exercer o poder "diretamente" (art. 1º). No que se refere à educação, a Constituição de 1988 estabelece como princípios básicos: o "pluralismo de ideias e de concepções pedagógicas" e a "gestão democrática do ensino público" (art. 206). Esses princípios podem ser considerados como fundamentos constitucionais da autonomia da escola.

Na história das ideias pedagógicas, a autonomia sempre foi associada ao tema da liberdade individual e social, da ruptura com esquemas centralizadores e, recentemente, da transformação social.

Pode-se dizer que a autonomia faz parte da própria **natureza da educação**. Por isso, o seu conceito encontra-se na obra de diversos clássicos da educação. John Locke concebe-a como "autogoverno" (*self-government*), no sentido moral de "autodomínio individual". Os educadores soviéticos Makarenko e Pistrak a entendiam como "auto-organização dos alunos". Adolph Ferriere e Jean Piaget entendiam que ela exercia um papel importante no processo de "socialização" gradual das crianças. O educador inglês Alexander S. Neill organizou uma escola (*Summerhill*) controlada autonomamente pelos alunos.

A autonomia é "real", diz Georges Snyders, "mas a conquistar incessantemente"... "é muito menos um dado a constatar do que uma conquista a realizar" (*Escola, classe e luta de classes*, 1977, p. 109). Snyders insiste que essa "autonomia relativa" tem que ser mantida pela luta e "só pode tornar-se realidade se participar no conjunto das lutas das classes exploradas" (ibid.). A escola precisa preparar o indivíduo para a **autonomia pessoal**, mas também para a inserção na comunidade e para a emancipação social.

Cornelius Castoriadis, filósofo grego contemporâneo, naturalizado francês, opõe autonomia à alienação. Para ele, "a autonomia seria o domínio do consciente sobre o inconsciente" (*A instituição imaginária da sociedade*, 1982, p. 123), em que o inconsciente é o "discurso do outro". A alienação se dá quando "um discurso estranho que está em mim, me domina, fala por mim" (id., p. 124). Portanto, a educação enquanto processo de conscientização (desalienação) tem tudo a ver com a autonomia.

Autonomia não pode ser confundida com autogestão. A palavra "autogestão" aparece no início dos anos 1960, na linguagem política e, principalmente, nos meios intelectuais da esquerda francesa, insatisfeita com as realizações concretas do socialismo burocrático, em particular o soviético. Nas teorias da educação, a autogestão pedagógica sempre foi considerada como alavanca da autogestão social.

Autogestão não se confunde com **participação**, pois participar significa engajar-se numa atividade já existente com sua própria estrutura e finalidade. A autogestão visa à transformação, e não à participação. Autogestão também não se confunde com a cogestão, pois esta significa direção conjunta de uma instituição, mantendo-se a mesma estrutura hierárquica.

A **cooperativa** já é um caso mais próximo da autogestão, pois os dirigentes de uma cooperativa são remunerados pelos próprios trabalhadores, sobrepujando parcialmente o antagonismo entre capital e trabalho. Evidentemente, existem muitas instituições de trabalho cooperativo, mais ou menos solidário.

Autonomia e autogestão constituem-se em horizonte de construção de relações humanas e sociais civilizadas e justas. Por isso, ambas estão fundadas na ética. A teoria pedagógica não é nada sem a ética.

Autonomia e autogestão não são conceitos neutros. Podem significar muitas coisas e, por isso, podem confundir-se com muitas coisas. Há uma visão progressista de autonomia e uma visão conservadora. A autonomia pode ser usada, por exemplo, como álibi pelo Estado neoliberal para não investir em educação.

O sentido que aqui nos interessa, para compreender melhor a organização do trabalho na Escola Cidadã, pressupõe o fato de que hoje uma das formas fundamentais de exercício da opressão é a **divisão social do trabalho** entre dirigentes e executantes, que se reflete diretamente na administração do ensino: uns poucos, fora da escola, detêm o poder de decisão e o controle, enquanto todos os demais simplesmente executam tarefas cujo sentido lhes escapa quase inteiramente.

A divisão social do trabalho na escola é agravada pelo fato de ela ser justificada pela "competência", separando "especialistas" de professores. O papel pedagógico do professor foi esvaziado, sobretudo depois da criação, pelo regime militar, das **habilitações técnico-administrativas** do curso de Pedagogia. No caso da administração escolar, o problema está sendo sanado através de eleição para o cargo de diretor.

O que chamamos de escola cidadã se constitui no resultado de um **processo histórico de renovação na educação**. Esse movimento está presente não apenas na educação brasileira. Ele pode ser encontrado, com maior ou menor intensidade, na história recente das transformações dos sistemas educacionais em diversas partes do mundo.

No **Brasil**, experiências isoladas de gestão colegiada de escolas sempre existiram, mas não tiveram divulgação nem impacto maior sobre os sistemas de ensino. Muitas delas são fruto de iniciativa de alguns educadores e foram interrompidas quando estes deixaram a escola; não tiveram continuidade. Os relatos dessas experiências nos dão conta de muitas dificuldades e resistências.

Em alguns casos, são experiências muito polêmicas. Contudo, podemos destacar nesses projetos e reformas alguns traços comuns:

1º) **ampliação da jornada escolar**, tanto para os alunos quanto para os professores numa mesma escola;

2º) **atendimento integral** à criança e ao adolescente;

3º) **participação comunitária** e **gestão democrática**.

Esses elementos estão sustentados por um pressuposto mais amplo: o da maior autonomia das escolas. Podemos encontrá-los também nas reformas empreendidas hoje por outros países.

Existem ainda **críticos** da autonomia escolar, temerosos de que iniciativas desse tipo levem à privatização e desobriguem o Estado de sua função de oferecer uma escola pública, gratuita e de qualidade para todos. Outra objeção que costuma ser feita aos "autonomistas" é a de que a autonomia da escola leva à pulverização, à dispersão e à preservação do **localismo**, que dificultam ações reformistas ou revolucionárias mais profundas e globais.

A ideia de autonomia é intrínseca à ideia de democracia e cidadania. Cidadão é aquele que participa do governo; e só pode **participar do governo** (participar da tomada de decisões) quem tiver poder e tiver liberdade e autonomia para exercê-lo.

Não se pode fazer uma mudança profunda no sistema de ensino sem um projeto social. O que a Itália está experimentando hoje — não apenas na Província de Trento — é resultado de um longo caminho percorrido com muitos encontros, debates, tentativas e confronto político entre teses opostas. A ampliação da **autonomia da escola** não pode opor-se à **unidade do sistema**. Deve-se pensar o sistema de ensino como uma unidade descentralizada. **Descentralização** e **autonomia** caminham juntas.

A luta pela autonomia da escola insere-se numa luta maior pela autonomia no seio da própria sociedade. Portanto, é uma luta dentro do instituído, contra o instituído, para instituir outra coisa. A eficácia dessa luta depende muito da ousadia da cada escola em experimentar o novo e não apenas pensá-lo. Mas, para isso, é preciso percorrer um longo caminho de construção da **confiança na escola**, na capacidade de ela resolver seus problemas por ela mesma e de autogovernar-se.

A autonomia se refere à criação de novas relações sociais, que se opõem às relações autoritárias existentes. Autonomia é o oposto da uniformização. A autonomia admite a **diferença** e, por isso, supõe a **parceria**. Só a igualdade na diferença e a parceria são capazes de criar o novo. Por isso, escola autônoma não significa escola isolada, mas em constante intercâmbio com a sociedade.

A participação e a democratização num sistema público de ensino é um meio prático de formação para a cidadania. Essa formação se adquire na participação no processo de tomada de decisões. A criação dos **Conselhos de Escola** representa uma parte desse processo. Mas eles fracassam quando instituídos como uma medida isolada e burocrática. Eles só são eficazes num conjunto de medidas políticas, num **plano estratégico de participação** que vise à democratização das decisões.

Esse plano supõe:

1) **autonomia dos movimentos sociais** e de suas organizações em relação à administração pública;

2) abertura de **canais de participação** pela administração;

3) **transparência administrativa**, isto é, democratização das informações.

A população precisa, efetivamente, **apropriar-se das informações** para poder participar; ela precisa compreender o funcionamento da administração — em particular, do orçamento — e as leis que regem a administração pública e limitam a ação transformadora.

O **Conselho de Escola** é o órgão mais importante de uma escola autônoma, base da democratização da gestão escolar. Mas para que os Conselhos de Escola sejam implantados de maneira eficaz, é necessário que a participação popular, dentro e fora da escola, constitua-se numa **estratégia explícita da administração**. Além disso, para facilitar a participação é preciso oferecer todas as condições. Costuma-se convocar a população para participar em horários inadequados, em locais desconfortáveis ou de difícil acesso etc., sem nenhum cuidado prévio. **A população precisa sentir-se respeitada, ter prazer e reconhecer a importância do exercício de seus direitos e em participar**.

Enfim, trata-se de construir uma escola pública universal — para todos, unificada —, mas que respeite as diferenças locais, regionais, a **multiculturalidade**, ideia tão cara da teoria da educação popular.

O grande desafio da escola pública está em garantir um padrão de qualidade (para todos) e, ao mesmo tempo, respeitar a diversidade local, étnica, social e cultural. Portanto, o nosso desafio educacional continua sendo educar e ser educado. Mas educado é só aquele que domina, além da sua cultura, uma outra cultura; aquele que se torna um "mestiço", como diz o filósofo francês Michel Serres, no seu livro *Filosofia Mestiça*. A dialética entre as culturas faz parte da própria natureza da educação. Adquirir uma nova cultura não é negar a cultura primeira, mas integrá-la no processo de desenvolvimento humano e social.

A burguesia nacionalizou a escola com a intenção de torná-la homogênea e de controlar os seus conteúdos. Para construir uma outra escola pública, a escola pública popular, que interessa a todos, e não apenas à burguesia, necessita-se unir o nacional com o regional, inserindo o popular no público, ultrapassando a escola nacional e estatal para chegar à escola popular.

Como seria essa escola?

A Escola Cidadã é certamente um projeto de criação histórica. Para uma **administração pública** construir essa escola, ela precisa trabalhar com uma concepção aberta de sistema educacional. Existe uma visão sistêmica estreita que procura acentuar os aspectos estáticos — como o consenso, a adaptação, a ordem, a hierarquia — e uma visão dinâmica que valoriza a contradição, a mudança, o conflito, a autonomia.

Num **sistema fechado**, os usuários (pais e alunos) e os prestadores de serviços (os professores e funcionários) não se sentem responsáveis. Esta é uma das principais razões da não participação. Num **sistema aberto**, o *locus* fundamental da educação é a escola e a sala de aula.

Certamente, esses dois paradigmas contrários de sistema de ensino não se encontram em "estado puro". Na prática, predomina o ecletismo, o confronto entre uma **visão funcionalista** e estática da educação e uma **visão dialética**, dinâmica. Nesse confronto de concepções e práticas, o sistema tende a uma síntese superadora, o que temos chamado, cada vez mais, de **sistema único e descentralizado**.

A administração de um sistema único e descentralizado de ensino poderia apoiar-se em quatro grandes princípios:

1º) **Gestão democrática**. Um sistema único e descentralizado supõe objetivos e metas educacionais claramente estabelecidos entre escolas e governo, visando à democratização do acesso e da gestão e à construção de uma nova qualidade de ensino, sem que tenha que passar por incontáveis instâncias de poder intermediário, como no caso do modelo hierárquico e vertical de poder.

2º) **Comunicação direta** com as escolas. Se a escola é o *locus* central da educação, ela deve tornar-se o polo irradiador da cultura, não apenas para reproduzi-la ou executar planos elaborados fora dela, mas para construir e elaborar a cultura, seja a cultura geral, seja a cultura popular, pois existe uma só cultura como obra humana (unidade humana na pluralidade dos homens). O seu corolário é comunicação entre as escolas e a população. A escola precisa ser o local privilegiado da **inovação e experimentação político-pedagógica**, deslocados para a administração dos sistemas durante o regime militar.

3º) **Autonomia da escola**. Cada escola deveria poder escolher e construir seu próprio projeto político-pedagógico, por exemplo, por meio do que chamamos, no Instituto Paulo Freire, de "Planejamento Socializado Ascendente", de forma que as deliberações escolares pudessem influenciar e pesar sobre as políticas públicas educacionais. Esta forma de planejar inicia-se na base e, por consolidações progressivas, chega-se à formulação de planos nacionais, que nada mais passam a ser que resultantes da consolidação final das realizadas nas esferas menos amplas. Escola não significa um prédio, um único espaço ou local. Escola significa projeto em torno do qual poderiam associar-se várias unidades escolares, superando o temido problema da atomização do sistema de educação. Escola e governo elaborariam, em parceria, as políticas educacionais. Escola deveria ser, na verdade, não mais que um espaço dotado de instrumentos que permitisse, a seus atores, a organização da reflexão sobre as determinações sociais e sua instrumentalização para uma intervenção nessas determinações, de modo a orientar-lhes o sentido no interesse de todos, e não apenas das minorias.

4º) **Avaliação permanente do desempenho escolar**. A avaliação, para que tenha um sentido emancipatório, precisa ser incluída como parte essencial do projeto da escola. Não pode ser um ato formal e executado por técnicos externos à escola apenas. Deve envolver a comunidade interna, a comunidade externa e o poder público.

Enfim, a questão essencial da nossa escola hoje refere-se à sua qualidade e a uma nova abordagem da qualidade. E a qualidade está diretamente relacionada com os pequenos projetos das próprias escolas, que são muito mais eficazes na conquista dessa qualidade do que grandes projetos — anônimos e distantes do dia a dia das escolas.

Isso porque:

1º) só as escolas que conhecem de perto a comunidade e seus projetos podem dar respostas concretas a problemas concretos de cada uma delas;

2º) assim sendo, podem respeitar as peculiaridades étnicas, sociais e culturais de cada região;

3º) diminuem os gastos com a burocracia;

4º) somente a própria comunidade pode avaliar de perto os resultados.

4

CARTA ESCOLAR

Instrumento de planejamento coletivo

*Custódio Gouvea L. da Motta, José Eustáquio Romão, Misael Geraldo Souza Camargo e Paulo Roberto Padilha**

Quando, em nossa vida cotidiana, deparamo-nos com novos ambientes, com novas pessoas, com um novo trabalho, enfim, com qualquer nova atividade ou situação, podemos ter a sensação inicial de insegurança. De qualquer maneira, realizamos espontaneamente uma sondagem inicial acerca de tudo o que nos cerca e, naturalmente, interpretamos as condições encontradas, a partir do que passamos a ter maior segurança para caminhar, para seguir em frente, para nos relacionar e também para participar e interferir naquele ambiente ou naquela situação.

---

* **Custódio Gouvea L. da Motta** é professor de Engenharia da Computação na Universidade Federal de Juiz de Fora (MG) e membro do Instituto Paulo Freire. Concebeu toda a "arquitetura" do *software* do Censo Escolar. **Misael Geraldo Souza Camargo** é professor no Departamento de Geociências da Universidade Federal de Juiz de Fora e membro efetivo do Instituto Paulo Freire. Participou intensamente da concepção cartográfica da Carta e do Censo Escolar e coordenou a sua aplicação em vários municípios. **Paulo Roberto Padilha** é professor da Universidade Camilo Castelo Branco (SP) e Diretor Financeiro do Instituto Paulo Freire. Participou como colaborador na publicação do livro *Paulo Freire: uma biobibliografia* (1996).

Esse processo se amplia se nos entregamos a ações intencionais e, no caso específico da educação, quando pretendemos desenvolver quaisquer atividades no âmbito do sistema ou da unidade escolar. Aí percebemos a necessidade do prévio estabelecimento de finalidades, de objetivos, de metas a serem atingidas, de avaliações a serem realizadas, de resultados a serem quantificados e qualificados para que correções de rumos possam melhorar a nossa atuação e, por conseguinte, o ensino e a aprendizagem.

Diante de circunstâncias e de ações intencionais e deliberadas, a **sondagem** e a **interpretação** dos dados observados por nossos sentidos, resultantes de mecanismos inconscientes de captação de informações, transformam-se em função obrigatória. Nessas condições, sondagem e interpretação de dados acabam se constituindo em etapas essenciais, para que possamos, conscientemente, agir e buscar resultados positivos em nossas atividades.

A partir desta analogia, apresentamos a metodologia denominada **Carta Escolar**, instrumento de sondagem, de interpretação e de análise de dados acerca dos indicadores educacionais, que nos permite desenvolver ações com vistas à construção coletiva e democrática do Projeto Político-Pedagógico da Escola.

Inicialmente, estudamos e desenvolvemos a Carta Escolar como instrumento de análise de sistemas municipais de educação. No entanto, ela pode ser aplicada também ao caso de uma escola que, na verdade, constitui-se também num verdadeiro sistema, de modo que professores e demais segmentos escolares e comunitários possam utilizá-la como referencial para seus diagnósticos no âmbito das relações de suas escolas e respectivas comunidades.

1. O que é a Carta Escolar

Desenvolvida no Brasil na década de 1970, a metodologia da **Carta Escolar** acabou por se aperfeiçoar e ser mais bem aplicada, com muito sucesso, em outros países. O Instituto Paulo Freire resgatou-a, estudou seus resultados nesses países, recuperou as aplicações de sucesso no Brasil e a atualizou.

Ela é um instrumento de planejamento do sistema ou subsistema educacional e permite o estudo das condições sociais, econômicas, demográficas, culturais, fisiográficas, urbanísticas e arquitetônicas de comunidades que abrigam sistemas escolares. Portanto, ela permite a análise das relações que se estabelecem entre docentes e discentes, entre professores, direção e demais servidores da escola e, finalmente, entre esses membros do sistema educacional e os das comunidades de seu entorno. Ao mesmo tempo, permite verificar as interfaces e os impactos mútuos do desempenho escolar com outros indicadores sociais, relacionados ao desenvolvimento com justiça. Além disso, ela indica as ações que permitirão a organicidade da rede física escolar, de seu quadro de pessoal, de seus recursos materiais e financeiros, no sentido do atendimento das demandas específicas de cada nível, para garantir facilidades de acesso, permanência e conclusão com sucesso.

Ela tem como suporte físico um mapa topográfico — daí a denominação "carta" — com escala que permite uma representação suficientemente precisa e detalhada da capacidade instalada, com suas características específicas e com os elementos que influenciarão na escolarização: boa ou má distribuição espacial, condições de acesso com identificação de barreiras urbanas e topográficas, áreas de indução de adensamento populacional e, consequentemente, de expansão da demanda, raio de ação das escolas ou de sua jurisdição, condições de conservação de prédios escolares, atividades econômico-sociais das comunidades de seus entornos etc.

A Carta possibilita, assim, a racionalização da expansão da rede física escolar, na medida em que indica os locais a serem implantadas as novas unidades escolares, com vistas ao atendimento de áreas já densamente povoadas ou de indução de adensamento, caracterizadas em seus estratos sociais, a partir de dados fornecidos por um Censo Escolar.

O Censo Escolar, que utiliza uma metodologia criada pelo Instituto Paulo Freire, além do levantamento real e efetivo de toda a população do Município, a partir da delimitação de setores censitários, identifica sua distribuição por cortes e por graus de escolarização, projetando a expansão demográfica, a partir do comportamento da população nos últimos censos, para subsidiar a projeção de futuras expansões. Para realizar o Censo, é aplicado um questionário em todas as residências (urbanas e rurais), em que são coletadas informações referentes à renda, idade, sexo e escolaridade por setor censitário; e, por amostragem, outras informações sobre indicadores sociais que interferem no desempenho do sistema educativo.

É realizado também um levantamento exaustivo da capacidade instalada da rede escolar do município, tanto em termos de recursos físicos (instalações, equipamentos, material didático) quanto de recursos humanos (docentes e não docentes), com seu perfil profissional e da demanda real e potencial.

O Censo Escolar é realizado sob a coordenação de membros do Instituto Paulo Freire, mas sempre envolvendo docentes e pessoal técnico-administrativo dos sistemas alvo da pesquisa, previamente treinado, de modo que, no futuro, eles possam fazer as atualizações necessárias, sem a necessidade da presença dos primeiros. A experiência das Cartas Escolares já realizadas demonstrou que o envolvimento dos próprios membros da realidade a ser levantada e estudada, em todas as fases do trabalho, é fundamental. Uma outra consequência importante tem surgido dessa estratégia: muitos professores e servidores técnico-administrativos dos sistemas pesquisados passam a conhecer de perto a realidade da comunidade a que prestam serviço. É que, na maioria das vezes, o distanciamento da "escola bancária" — parafraseando Paulo Freire — em relação à comunidade imediata é tão grande que nem mesmo os docentes sequer sonham com as condições de vida de seus alunos quando estão mergulhados na realidade extraescolar.

Todos os dados coletados são tabulados através de sistemas computacionais que fornecem uma série de indicadores para as projeções de expansão ou contração da rede, bem como para a definição das áreas de atendimento ou de jurisdição das escolas. Os mesmos dados são lançados em mapas, para que se tenha uma visão mais clara das deficiências ou duplicações existentes, em função dos adensamentos populacionais, das barreiras físicas ou urbanas, que influenciam no dimensionamento da rede física escolar.

Para se ter uma visão da realidade de cada área pesquisada (Estado, Município ou comunidade coberta por uma escola), é inserida uma descrição do seu cenário geográfico, com a sua localização, aspectos físicos — relevo, hidrografia, clima e vegetação —, uma análise detalhada da sua evolução demográfica e econômica, e uma reconstituição do seu quadro histórico-social, desde as origens, passando por sua evolução político-administrativa, chegando ao contexto contemporâneo.

Todos estes elementos contribuem para a caracterização da educação da área estudada, cuja análise educacional constitui o cerne do trabalho, já que a finalidade precípua da Carta Escolar é o arrolamento analítico-crítico dos principais componentes de seus serviços, demandas e das respectivas projeções futuras, para alimentar, quantitativa e qualitativamente, o processo decisório da comunidade local quanto ao setor.

Como vimos, a Carta Escolar acima apresentada tem por finalidade promover um amplo diagnóstico da educação numa determinada área, considerando todos os elementos que possam influenciar o processo nela desenvolvido. Tem por objetivos fornecer vários subsídios para:

a) o conhecimento efetivo da real situação da educação, com vistas a maximizar a utilização da capacidade física instalada;

b) a previsão do desenvolvimento necessário do sistema escolar, em função da demanda social por matrículas;

c) o levantamento dos dados sobre os limites e potencialidades do setor educacional para o atendimento das demandas resultantes de levantamentos e pesquisas cientificamente consolidados;

d) a formulação e implementação, pelos administradores educacionais de planos, programas e projetos educacionais, partindo de uma série de "retratos" tirados, ao longo dos anos, do desempenho das redes confrontados com as condições contextuais específicas, e revelados coletivamente, com a participação dos próprios agentes escolares. Todo esse trabalho visa otimizar a aplicação de recursos destinados à educação e, finalmente, indicar o estabelecimento de áreas de jurisdição de escolas.

A partir da identificação dos problemas a serem atacados, dos avanços a serem continuados e estimulados, das lacunas a serem preenchidas e das prioridades educacionais a serem estabelecidas e implementadas, é possível uma intervenção mais precisa nos sistemas educacionais, sem os tradicionais ensaísmos típicos do setor que, geralmente, alteram processos inovadores em andamento, sem um processo de avaliação cientificamente consistente e socialmente relevante.

No caso específico de uma escola, a **Carta** levanta, minuciosamente, sua capacidade instalada, seus recursos humanos, sua área de abrangência, características socioeconômicas predominantes dos usuários de seus serviços, relações intra e extraescolares, situação legal e histórico de sua evolução ao longo dos anos.

Observe-se que a **Carta Escolar**, enquanto diagnóstico da capacidade e demanda educacionais da escola, do Município ou do Estado, torna-se instrumento indispensável para a elaboração de seus Projetos Político-Pedagógicos, em todos os níveis educacionais.

2. Estrutura da Carta Escolar

A **Carta Escolar** é um trabalho coletivo. De sua elaboração participa uma equipe responsável do Instituto Paulo Freire, formada por Professores Coordenadores, Geógrafos, Técnicos em informática e recenseadores. Além desta equipe, a Carta Escolar conta, fundamentalmente, com o envolvimento de toda comunidade da realidade a ser levantada e estudada e, no limite, com toda a população-alvo que será abordada pelos recenseadores.

Quando o universo-alvo da Carta é de reduzidas dimensões (uma comunidade ou um município de pequeno porte), o levantamento é realizado em todas as residências, em todas as agências capazes de fornecer elementos dos indicadores socioeconômicos. Quando se trata de municípios de porte médio ou grande ou de Estados, a coleta de dados é feita por amostragem.

Coletados e organizados os dados, eles passam a alimentar o banco de dados, cujas operações permitem uma série quase infinita de relatórios. Imaginemos, por exemplo, que um prefeito, no caso da Carta Escolar de um Município, queira saber quantos analfabetos, entre 15 e 18 anos existem em um dos setores censitários em que foi dividida sua comuna. O programa responde, em fração de minutos, à questão colocada.

Após uma análise mais qualitativa dos relatórios básicos extraídos, elabora-se um minucioso relatório com as seguintes partes:

I — Cenário geográfico do município

Trata-se de uma descrição da localização, aspectos físicos — relevo, hidrografia, clima, flora, fauna —, aspectos humanos e econômicos da área pesquisada.

II — Trama histórico-social

Nesta parte procura-se fazer a reconstituição científica da história da área estudada, desde as origens, sua criação e evolução política, econômica, social, cultural e administrativa até os dias atuais.

Estas duas primeiras partes do "Relatório Final" visam estabelecer a relação entre a situação educacional atual e sua trajetória pregressa nos contextos específicos, para permitir uma compreensão mais científica de seus limites e virtualidades. Percebemos nas Cartas já realizadas que, embora não fosse intenção inicial, estes itens acabavam por atender a uma necessidade dos sistemas escolares que atuam na educação básica: os currículos exigem dos professores do primeiro segmento do ensino fundamental o desenvolvimento de aspectos histórico-geográficos das comunidades mais próximas (família, bairro, município). Ainda que haja várias informações sobre esses conteúdos a serem desenvolvidos nos componentes curriculares de "estudos sociais", os professores ficam improvisando material e procedimentos, porque os dados são dispersos e, na maioria das vezes, não submetidos a uma organização, nem, muito menos, a um tratamento didático-pedagógico. Assim, a Carta Escolar, nas suas duas primeiras partes, tem se constituído em valiosa fonte de pesquisa para docentes das séries iniciais do ensino fundamental.

III — Situação educacional do município

Esta parte, relativamente independente, se constitui no cerne do trabalho, já que sua finalidade precípua é o arrolamento analítico-crítico dos principais componentes de seus serviços e demandas educacionais, bem como de seu confronto no presente e no futuro. É a parte mais extensa do relatório final, na qual, dentre outras, são realizadas análises de:

a) estrutura educacional: órgãos gestores, unidades de prestação de serviços em todos os graus de ensino e a relação que se estabelece entre eles;

b) situação de escolaridade das diversas faixas da população;

c) situação dos prédios escolares (condições de conservação, instalações, equipamentos e materiais);

d) recursos humanos disponíveis e grau de formação;

e) desempenho das unidades escolares em uma série de anos (quatro, no mínimo);

f) correlação entre indicadores socioculturais da comunidade e índices de desempenho das unidades escolares.

IV — Conclusões e Recomendações

À luz dos dados analisados, são propostas algumas recomendações aos administradores ou responsáveis pelo sistema pesquisado, de curto, médio e longo prazos, com vistas à compatibilização entre a capacidade instalada e/ou disponibilidades potenciais e as necessidades educacionais reais e/ou projetadas, tanto com base nas demandas quanto na prioridade do atendimento ao direito de todos a uma educação básica de qualidade.

Os resultados da Carta Escolar não são apresentados como uma camisa de força ao universo-alvo; pelo contrário, eles configuram **recomendações**, que devem servir como indicações, apontamento de rumos, a serem submetidos ao processo político decisório da comunidade local, através de suas legítimas representações e lideranças. As conclusões da Carta Escolar não são apresentadas como únicas possibilidades, mas como alternativas a serem estudadas, para, só então, serem submetidas ao crivo das decisões políticas dos administradores, juntamente com os órgãos de representação democrática dos diversos segmentos sociais, para a tomada de decisões.

O relatório final da Carta Escolar apresenta ainda uma série de anexos: **mapas** de localização do Município, dos setores censitários e da localização das escolas; **tabelas e gráficos**, onde são apresentados os dados relativos aos aspectos demográficos em geral, à renda dos diversos estratos sociais e ao grau de escolarização da população; **relatórios** básicos resultantes do *software* desenvolvido pelo IPF, contendo dados sobre os alunos que estão frequentando a escola, por faixa etária e série, e sobre aqueles que não a frequentam, por idade, em vários graus de agregação e desagregação, além de outras informações pertinentes que possibilitam a realização de projeções máximas de atendimento de alunos por faixa etária e por série para o ano subsequente à pesquisa.

Os relatórios trazem ainda informações sobre a escolaridade e a condição de escolaridade por faixa etária (analfabeto, alfabetizando, fora da escola, evadido, números totais e universo pesquisado), sobre a escolaridade e a condição de escolaridade por setor, com a distribuição da população por sexo, faixa etária, entre outras inúmeras combinações que podem ser realizadas.

Todas estas informações podem ser mantidas em arquivo: dados coletados, tabulados e analisados, que podem servir como instrumento técnico de atualização futura da Carta Escolar ou como fonte de outras pesquisas de natureza diversa.

A **Carta Escolar**, aqui apresentada sinteticamente, embora se volte para o levantamento, análise e superação das dificuldades da realidade educacional, tem servido também para a obtenção de outras informações, projeções e busca de solução de problemas de outros setores da administração pública ou privada, subsidiando, assim, a formulação e implementação mais global de políticas.

3. A Carta Escolar da Unidade Escolar

Adaptada a cada estabelecimento de ensino, ela pode oferecer à direção da escola, aos seus professores e aos demais agentes escolares uma "fotografia" em três dimensões de suas reais condições, subsidiando a elaboração de seu projeto político-pedagógico, em função das demandas quantitativas e qualitativas a ela dirigidas pela comunidade-alvo de seu trabalho, sem falar na potencialização das estratégias necessárias ao envolvimento dos segmentos sociais imediatos em seu planejamento participativo ascendente.

Como esta Carta é um instrumento elaborado coletivamente, ela servirá inicialmente como polo aglutinador de intenções, de interações e de forças que caminham juntas no sentido da concretização das finalidades e objetivos educacionais estabelecidos democraticamente. Assim, de sua elaboração devem participar, organizadamente, a equipe de direção da escola, todo o corpo docente e discente, mães e pais de alunas e alunos e os demais representantes da comunidade escolar e extraescolar. Ela pressupõe divisão de poder e de responsabilidades, uma vez que os dados a serem coletados e levantados serão muitos, como também muitos serão os sujeitos que deles farão uso e a partir deles tomarão decisões.

A elaboração da Carta Escolar inicia-se com o Censo Escolar: coleta de todos os dados relativos à escolaridade da comunidade-alvo. Para que ele seja realizado com propriedade, é necessária a articulação de todos os segmentos escolares, isto é, pelo envolvimento que começa, necessariamente, pelo Conselho de Escola, passando pelo grêmio estudantil, pela associação de pais e mestres (APM) ou associação de pais e professores (APP) e representações dos segmentos extraescolares.**

O Censo deve ser planejado minuciosamente. Primeiramente, identifica-se a área de abrangência da escola, localizando-a em mapa ou planta, delimitando-se os bairros ou comunidades e respectivas ruas, quando se tratar de escola urbana. Dependendo da extensão da área a ser levantada, pode-se estabelecer setores censitários para melhor distribuição do trabalho das diversas equipes. Definem-se as equipes responsáveis pelo recenseamento, suas respectivas coordenações e os recursos necessários para a execução do trabalho. Os dados resultantes da atividade de coleta de campo devem ser confrontados com os de fontes já existentes, especialmente quanto aos dados demográficos e indicadores socioeconômicos (pesquisas do IBGE, por exemplo). Paralelamente, são levantados os dados relativos à própria unidade escolar: lei de criação, atos de regularização, reconstituição histórica, evolução de matrículas e de seu desempenho em séries de anos, quadro de pessoal, com os respectivos graus de qualificação etc. Quando as condições o permitem, é importante fazer a documentação fotográfica ou por outro meio iconográfico (filme, vídeo etc.). A avaliação de cada etapa do processo de trabalho de campo integra esta fase do levantamento, no sentido de corrigir rumos, estratégias e táticas, de incorporar a pesquisa de indicadores inicialmente não previstos etc. Por exemplo, na realização da Carta Escolar de determinada comunidade, pode-se detectar uma ameaça ao equilíbrio ecológico, tornando-se necessária a tematização do problema no currículo escolar. Em suma, os recenseadores deverão estar atentos a todos os acontecimentos do universo pesquisado e não apenas condicionados ao preenchimento

** Os Conselhos de Escola, assim chamados no Estado de São Paulo, recebem outras denominações nas demais unidades da Federação: Conselho Escolar, Colegiado Escolar, Conselho Deliberativo Escolar, Caixa Escolar, Fórum de Gestão Participativa, Conselho Educacional e Comunitário. Já as Associações de Pais e Mestres (APMs) são também denominadas Associação de Apoio à Escola (AAE), Círculos de Pais, Associação de Pais, Mestres e Comunitários (APMC) etc.

dos formulários previamente preparados para a coleta de campo. O plano do censo e seus respectivos formulários constituem-se em roteiro de trabalho e não em instrumentos rígidos de enquadramento da realidade levantada nas fórmulas adrede pensadas.

As recomendações que se seguem são, pois, uma possível base para a realização de um diagnóstico escolar, para que o estabelecimento de ensino disponha, de fato, de informações e de estatísticas para a tomada de decisões da escola em geral e para o trabalho de seus profissionais em particular: formulação do projeto político-pedagógico e dos planos (de curso, de ensino, de aulas etc.).

Os instrumentos de coleta de dados podem ser organizados de vários modos; de qualquer maneira, haverá formulários e questionários para a coleta de dados quantitativos e para o registro de depoimentos e informações qualitativas. Além disso, não há como dispensar a preparação de instrumentos adequados à coleta dos dados escolares propriamente ditos e de captação dos dados da comunidade extraescolar. Dentre as informações relevantes que a Carta da Escola deve recolher, destacamos as que se seguem. Nada impede que outros instrumentos sejam preparados e utilizados para a coleta de dados e informações complementares ou adicionais.

1. Identificação da escola

Aqui são informados os dados que identificam, física, jurídica e socialmente, a escola: nome, endereço completo, localização (zona rural ou urbana), esfera administrativa (federal, estadual, municipal ou particular), propriedade do prédio (própria, alugada, cedida etc.), situação institucional (mantenedor, atos de criação, de autorização e de reconhecimento, CGC etc.) e a reconstituição da história da escola: como nasceu a ideia de sua instalação, quando foi criada e quando começaram suas atividades, se sofreu alteração ao longo dos anos, com acréscimos de séries ou graus, por que razões etc.

2. Estrutura física

Neste item são discriminados minuciosamente a estrutura física da escola: suas dependências, com seus respectivos estados de conservação e adequação às atividades pedagógicas ou de apoio. Ou seja, são levantadas as informações sobre o terreno; sobre as áreas úteis, construídas e de circulação; sobre as instalações esportivas e destinadas a hortas, jardins ou criação de pequenos animais; sobre a construção, como detalhamento sobre acabamento de forro, piso, cercamento; sobre dimensões e estado de conservação de salas de aula, da diretoria, da secretaria, biblioteca, salas-ambiente, de multimeios, de professores, laboratórios, depósitos, refeitórios, cozinha, sanitários para alunos e professores. Também são detalhadas as informações sobre as condições da infraestrutura: água, rede de esgoto, iluminação, aeração, linhas telefônicas, energia elétrica etc. Na tabulação, estes dados são tratados pelo *software*, cruzados e configurados de tal forma que permitem maior visibilidade, facilitando a análise da capacidade instalada e dos problemas a serem superados.

3. Mobiliário, equipamentos e recursos materiais

Nos quadros do mobiliário, equipamento e recursos materiais são especificados vários itens: quantidade, localização e estado de conservação (carteiras, cadeiras e mesas escolares, lousas, armários, estantes, equipamentos de cozinha, de jardinagem, de limpeza, acervo bibliográfico, fitas de vídeo, máquina de xerox, fax, aparelhos de televisão, de vídeo, gravadores, antenas parabólicas, projetores de slides, retroprojetores, filmadoras, microcomputadores etc.).

A escola pode criar seus próprios quadros para outros itens não contemplados nos formulários sugeridos. É muito importante que os formulários relativos a esta parte do levantamento contenham espaços para anotação das condições de manutenção dos equipamentos (garantia, seguro, necessidade de consertos e manutenção etc.). Informações sobre a metodologia de organização dos arquivos, pendências administrativas, dos serviços de secretaria e de outros aspectos do funcionamento e das relações escolares são também importantes.

4. Recursos humanos

Todos os recursos humanos de que a escola dispõe devem ser relacionados: docentes e não docentes, com nome completo do servidor, grau de escolaridade, função, tempo de serviço na escola e no serviço público, disciplina que ministra (no caso de docentes), carga horária semanal, cursos realizados etc. Aliás, a escola deve manter em arquivo sempre atualizado os *curricula vitae* de todos os seus servidores. O quadro de docentes deve estar disposto em painel que permita a visualização dos graus, séries e turmas em que atua cada um dos professores.

Muito ajuda à complementação da análise a obtenção de dados mais minuciosos sobre os atores escolares: idade, sexo, escola(s) de origem, no caso de transferidos, número de aprovações e reprovações anteriores, habilidades artísticas, outros cursos, áreas de interesse, local e condições de moradia, lazer preferido, local de trabalho etc. Entrevistas com diretores, professores, pessoal técnico-administrativo e alunos esclarecem melhor os possíveis conflitos inter-relacionais existentes, bem como as possibilidades de interações futuras.

5. Recursos financeiros

Aqui são relacionadas as receitas da escola, com identificação das fontes e sua destinação (despesas), os valores em caixa, em contas bancárias. Em suma, deve ser feito o levantamento contábil completo e o nível de autonomia financeira da escola. O estudo dos balanços da APM ou da Caixa Escolar são imprescindíveis.

6. Matrícula e evolução da demanda

O comportamento das matrículas nos anos anteriores e no ano em curso é importante para a verificação do desempenho da escola. Nos quadros informativos deste item são lançados os dados relativos à distribuição da matrícula segundo sexo, série, ano de admissão na escola. Nele são ainda lançadas as transferências (recebidas e expedidas), as evasões em cada série — tendo por base a matrícula inicial — para se chegar à matrícula final. Tendo-se esta como base de cálculo, lançam-se, finalmente, as aprovações e reprovações, calculando-se seus percentuais. Outros quadros podem ser elaborados, como a distribuição dos alunos por níveis socioeconômicos ou segundo a distância que residem da escola, ou ainda, de acordo com o engajamento no mercado de trabalho etc.

7. Projetos desenvolvidos na escola

Mais importantes do que os dados quantitativos, quaisquer que sejam os critérios de sua agregação ou desagregação, são as análises dos projetos desenvolvidos pela escola e a medida de seu impacto no rendimento dos alunos para orientar a manutenção ou mudança de rumos nas ações da escola.

8. Gestão colegiada

Muitas pessoas entendem que o processo democrático de escolha dos dirigentes escolares é suficiente para a garantia da gestão democrática da escola. Não é! Ele é condição necessária, mas não suficiente. Por isso, a Carta deve conter informações precisas sobre a participação dos órgãos colegiados nas decisões escolares. A atuação do Conselho ou Colegiado Escolar, das Associações de Pais e Mestres ou de Pais e Professores, dos Grêmios Estudantis e de outros órgãos congêneres deve ser medida, para uma avaliação de seu impacto no rendimento dos alunos e na qualidade do ensino ministrado. No fundo, significa avaliar as relações intra e extraescolares e suas implicações no desempenho da escola.

9. Deficiências e potencialidades

As principais deficiências encontradas nos diversos fatores que interferem no processo de ensino-aprendizagem aflorarão na análise dos diversos itens já mencionados. No entanto, é interessante registrá-las em separado, por ordem de importância, para que dela nasça a ordem de prioridades a serem contempladas nos planos corretores. Também as potencialidades e os recursos disponíveis devem ser analisados, para que a comunidade escolar, confrontando-os com as deficiências, possa montar as estratégias de captação dos recursos adicionais necessários.

10. Características da comunidade

Trata-se do levantamento da comunidade, bairros ou conjunto de bairros em que a escola está inserida. O máximo de detalhes deve ser informado quanto ao número e distribuição dos moradores por faixa etária, sexo e graus de instrução, para que se possa calcular a densidade demográfica e, consequentemente, a área a ser coberta pelos serviços prestados pela escola, de acordo com os graus de escolaridade demandados pela população-alvo. O perfil da mão de obra economicamente ativa, sua procedência e participação em formas de representação social, institucionalizadas ou não (sindicato, bairro, escola, igreja, clubes etc.), deve ser também levantado, bem como as agências econômicas (mercado de trabalho), sociais e culturais existentes na comunidade.

Muito importantes também são as informações relativas à geografia e história da comunidade. É necessário levantar as características de suas origens e evolução ao longo dos anos, configurando, progressivamente, seu perfil agrário, industrial, comercial ou de prestação de serviços. E, no contexto da história da comunidade, deve ser inserida a gênese e evolução da escola, complementada por uma análise de suas relações mútuas hodiernas.

À primeira vista pode parecer muito difícil e complexo realizar um diagnóstico escolar com tal amplitude e profundidade. No entanto, ele não só é possível como é absolutamente necessário à construção coletiva de um projeto político-pedagógico da escola. Sua possibilidade se inscreve no marco da participação de todos os segmentos escolares e no envolvimento da comunidade do entorno da escola. É claro que sua concretização exige uma relativa organização, com descentralização de funções e atribuição de responsabilidades. A realização da Carta Escolar se constitui numa oportunidade ímpar de aprendizagem, mobilização e organização de todos os segmentos que, direta ou indiretamente, atuam na escola. Da mesma forma que os pais e os profissionais da educação, os alunos devem ser também envolvidos, tanto no processo de coleta de dados, como nas discussões mais analíticas que resultam nos diagnósticos. Assim, desde a tabulação, passando pela interpretação e culminando na elaboração dos relatórios analíticos, devem ser constituídas equipes formadas por representantes de todos os segmentos escolares, para trabalharem em conjunto. Sempre que possível, no caso de necessidade, tais equipes devem ser acompanhadas e assessoradas por especialistas em pesquisa educacional e pelas instâncias superiores da administração escolar, pois a escola não pode ficar à deriva, deixada à sua sorte.

A construção coletiva do diagnóstico e do processo de planejamento tende a aumentar a eficiência e eficácia dos instrumentos e estratégias de execução. E por quê? Primeiramente, porque todos se sentem responsáveis pelo desempenho e pelos resultados; e, em segundo lugar, porque o sentimento de cidadania resgatado na participação no processo decisório é a mola mestra do comprometimento com performances mais adequadas aos fins buscados. De um ponto de vista meramente pragmático, se não houvesse também as razões ético-políticas, estas seriam suficientes para a preferência pelos processos democráticos.

5

CONSELHOS DE ESCOLA

Coletivos instituintes da Escola Cidadã

Ângela Antunes Ciseski e José Eustáquio Romão*

Observemos uma aluna. Ela chega à escola, conversa no pátio com os amigos, brinca afoitamente para aproveitar cada segundo do recreio, estende a mão para pegar o prato de merenda, segue atentamente as explicações na sala de aula, recolhe o material para voltar para casa... Há quanto tempo ela está ali? Um ano, dois anos, três...? Quantas horas diárias ela passa na escola? Quando concluir o ensino fundamental fará o quê? Conseguirá inserir-se no mercado de trabalho? Será uma *cidadã ativa*? Conhecerá seus direitos? Saberá exigi-los e lutar por eles?

A escola convive com as alunas e com os alunos diariamente e, de maneira consciente ou não, ensina não só por meio do conteúdo com o qual trabalha em sala de aula, mas também pelas relações que estabelece com eles no dia a dia. Se a aluna só ouve, dificilmente aprenderá a

* **Ângela Antunes Ciseski** é professora da Rede de Ensino Municipal de São Paulo e Diretora Técnica do Instituto Paulo Freire. Escreveu *Como organizar um conselho de escola* (1995) e participou como colaboradora na publicação do livro *Paulo Freire: uma biobibliografia* (1996).

falar; se fala no momento que bem entende, apresentará dificuldade para ouvir o outro; se só é avaliada, não aprenderá a avaliar; se só realizar tarefas individuais, dificilmente aprenderá a pensar e decidir coletivamente; se só cumprir ordens, não aprenderá a estabelecer seus limites, se suas tarefas forem sempre dirigidas, não aprenderá a ser criativa etc. A forma como a escola **organiza seu tempo** — definição do calendário, distribuição das aulas, dos dias de prova, do tempo reservado a cada área do conhecimento, ao recreio, ao contato com os pais — e a forma como a escola **organiza seu espaço** — salas de aula, salas de reunião, distribuição das carteiras etc. — também ensinam algo às alunas e aos alunos. Por isso, a escola não educa só quando educadoras e educadores escrevem ou falam. Querendo ou não, a prática cotidiana, os atos do dia a dia contribuem para reforçar ou superar determinadas formas de agir e pensar que poderão contribuir para reforçar ou superar determinado tipo de sociedade. É necessário que os educadores tenham consciência de sua prática e saibam a serviço de que projeto de sociedade ela está. O conteúdo com o qual a escola trabalha e a prática que adota estão contribuindo para formar que tipo de ser humano? Para viver em que sociedade?

> *O aluno aprende quando ele se torna sujeito de sua aprendizagem. E, para ele se tornar sujeito de sua aprendizagem,* ***ele precisa participar das decisões que dizem respeito ao projeto da escola, projeto esse inserido no projeto de vida do próprio aluno*** *(grifo nosso). Não há educação e aprendizagem sem sujeito da educação e da aprendizagem. A participação pertence à própria natureza do ato pedagógico* (Gadotti).

Como pais, professores, alunos e outros representantes da comunidade interna e externa podem participar da construção da escola que desejam?

O Conselho de Escola — um colegiado formado por pais, alunos, professores, diretor, pessoal administrativo e operacional para gerir coletivamente a escola — pode ser este espaço de construção do projeto de escola voltado aos interesses da comunidade que dela se serve.

Através dele, a população poderá controlar a qualidade de um serviço prestado pelo Estado, definindo e acompanhando a educação que lhe é oferecida.

O Conselho de Escola já é realidade em Estados e Municípios de todas as regiões do país. Mas, como diz Carlos Drummond, "As leis não bastam. Os lírios não nascem das leis". É necessário que a gestão democrática seja vivenciada no dia a dia das escolas, seja incorporada ao cotidiano e se torne tão essencial à vida escolar quanto é a presença de professores e alunos. Para isso, há que se criar as condições concretas para o seu exercício. Condições essas que implicam, entre outras providências: construção cotidiana e permanente de sujeitos sociopolíticos capazes de atuar de acordo com as necessidades desse novo que-fazer pedagógico-político, redefinição de tempos e espaços escolares que sejam adequados à participação, condições legais de encaminhar e colocar em prática propostas inovadoras, respeito aos direitos elementares dos profissionais da área de ensino (plano de carreira, política salarial, capacitação profissional). É necessário ainda que conheçamos as experiências já vividas, tomemos conhecimento de seus limites e avanços e, num processo contínuo de prática e reflexão, superemos suas falhas, aperfeiçoando seus aspectos positivos e criando novas propostas para os problemas que persistem.

As experiências já vivenciadas em relação à democratização da gestão escolar apontam alguns pressupostos e alguns parâmetros que, se considerados, tendem a garantir maior sucesso na conquista daquela democratização e, consequentemente, da escola de melhor qualidade. A seguir, trataremos de alguns deles.

I — Pressupostos da gestão democrática

1º) Capacitar todos os segmentos

A participação exige aprendizado. Principalmente quando se trata de uma população — o que é nosso caso — que, historicamente, tem sido alijada dos processos decisórios de seu país. As experiências revelam que tanto a comunidade externa quanto a comunidade interna à escola apresentam limites à participação. Para o efetivo exercício da gestão democrática da escola é necessário capacitar todos os seus segmentos, principalmente pais e alunos, respondendo às exigências dessa prática. As Secretarias de Educação devem, portanto, comprometer-se com esta capacitação.

2º) Consultar a comunidade escolar

Se desejamos que a população se incorpore à vida social, com presença ativa e decisória, não podemos conceber a definição da política educacional e a gestão escolar com caráter centralizador e autoritário. O processo de consulta e intervenção por parte dos usuários junto aos órgãos governamentais deve ser prática constante. Nesse sentido, seminários, assembleias, debates, encontros etc. devem ser promovidos para esclarecer a população e contar com sua participação, seja na definição das políticas educacionais, seja na vivência delas na prática cotidiana.

3º) Institucionalizar a gestão democrática

A consulta e a participação das comunidades escolares possibilitam aos governos estaduais e municipais respaldo democrático para encaminhar ao Poder Legislativo **Projetos de Lei** mais consistentes, que atendam às reais necessidades educacionais da população.

4º) — Lisura nos processos de definição da gestão

Para que se garanta transparência e respeito aos princípios éticos nas ações relacionadas à gestão democrática — escolha dos dirigentes escolares, implantação dos Conselhos de Escola e gestão da instituição educativa — todos os cuidados devem ser tomados pela comunidade escolar e pelas instituições e pessoas envolvidas nesse processo: garantir a todos acesso às informações, fixar, democraticamente, as normas e mecanismos de fiscalização etc.

5º) Agilização das informações e transparência nas negociações

A descentralização implica acesso de todos os cidadãos à informação. Informação essa necessária não só no início do processo administrativo, mas durante todo o movimento de interação entre Estado e cidadãos usuários dos serviços públicos. Nesse sentido, as instâncias administrativas não podem prescindir de canais que possibilitem agilidade e eficiência no processo comunicativo entre elas e a população.

2 — Parâmetros para a constituição dos Conselhos de Escola

1º) Quanto à natureza dos Conselhos de Escola: deliberativa, consultiva, normativa e fiscalizadora

2º) Quanto às atribuições fundamentais:

a) elaboração de seu regimento interno;

b) elaboração, aprovação, acompanhamento e avaliação do projeto político-administrativo-pedagógico;

c) criação e garantia de mecanismos de participação efetiva e democrática da comunidade escolar;

d) definição e aprovação do plano de aplicação financeira da escola;

e) constituição de comissões especiais para estudos de assuntos relacionados aos aspectos administrativos, pedagógicos e financeiros da escola;

f) participação em outras instâncias democráticas: Conselho Regional, Municipal e Estadual da Estrutura Educacional para definição, acompanhamento e fiscalização de políticas educacionais.

3º) Quanto às normas de funcionamento:

a) O Conselho de Escola deverá reunir-se periodicamente (com encontros mensais ou bimestrais), conforme necessidade da escola para encaminhar e dar continuidade aos trabalhos a que se propôs.

b) A função de membro do Conselho de Escola não será remunerada.

c) Serão válidas as deliberações do Conselho de Escola tomadas por metade mais 1 (um) dos votos dos presentes à reunião.

4º) Quanto à composição:

Todos os segmentos existentes na comunidade escolar deverão estar representados no Conselho de Escola, assegurada a paridade (número igual de representantes por segmento) e proporcionalidade de 50% (cinquenta por cento) para pais e alunos e 50% (cinquenta por cento) para membros do magistério e servidores.

5º) Quanto ao processo de escolha dos membros:

a) A eleição dos representantes dos segmentos da comunidade escolar que integrarão o Conselho de Escola, bem como a dos respectivos suplentes, realizar-se-á na unidade escolar, por votação direta, secreta e facultativa.

b) Ninguém poderá votar mais de uma vez no mesmo estabelecimento.

c) Os membros do Magistério e demais servidores que possuam filhos regularmente matriculados na escola poderão concorrer somente como membros do Magistério ou servidores, respectivamente.

6º) Quanto à presidência do Conselho de Escola:

Qualquer membro efetivo do Conselho de Escola poderá ser eleito seu presidente, desde que esteja em pleno gozo de sua capacidade civil.

7º) Quanto aos critérios de participação:

a) Os representantes dos alunos a partir da 4ª série ou com mais de 10 anos terão sempre direito a voz e voto, salvo nos assuntos que, por força legal, sejam restritivos aos que estiverem no gozo da capacidade civil.

b) Poderão participar das reuniões do Conselho de Escola, com direito a voz e não a voto, os profissionais de outras Secretarias que atendam às escolas, representantes de Entidades conveniadas, Grêmio Estudantil, membros da comunidade, Movimentos Populares organizados e Entidades Sindicais.

c) Poderão participar das reuniões do Conselho, com direito a voz e voto, todos os membros eleitos por seus pares.

8º) Quanto ao mandato: 1 (um) ano, com direito à recondução.

3 — Conselhos de Escola: estrutura e funcionamento

O Conselho de Escola é um **colegiado** normalmente formado por todos os segmentos da comunidade escolar: pais, alunos, professores, direção e demais funcionários. Através dele, todas as pessoas ligadas à escola podem se fazer representar e decidir sobre aspectos administrativos, financeiros e pedagógicos, tornando este colegiado não só um canal de participação, mas também um instrumento de gestão da própria escola.

A sua **configuração** varia entre os Municípios e Estados que já o implantaram. No Município de São Paulo, ele pode ter de 16 a 40 pessoas, dependendo do número de classes que a escola possuir. Mesmo variando o número de membros, no caso da cidade de São Paulo, a composição é sempre paritária, ou seja, é sempre garantido o mesmo número de representantes por segmento. Se houver, por exemplo, quatro professores, haverá também quatro pais, quatro alunos e quatro representantes da equipe administrativa. Existem também os Conselhos de Escola que não respeitam os princípios da paridade e da proporcionalidade.

Com exceção do diretor, que é membro nato, todos os outros **membros** do Conselho são eleitos por seus pares, isto é, todos os professores da escola elegem, por voto direto, os professores que os representarão no Conselho. Todos os alunos, por sua vez, também escolhem os alunos que os representarão e assim por diante.

Podem participar das reuniões do Conselho, com direito a voz, todos que trabalham, estudam, possuem filhos na escola ou fazem parte de movimentos organizados da região em que a escola está inserida. Participam com direito a voz e voto somente os membros eleitos.

As **atribuições** dos Conselhos de Escola, o seu **funcionamento** e a sua **composição**, dentre outros aspectos, são determinadas pelo Regimento Comum de cada rede de ensino. Ainda que as linhas gerais sejam definidas pelo Regimento Comum, cada Conselho de Escola pode, se achar necessário, elaborar um regimento interno, estabelecendo normas relativas à convocação das reuniões ordinárias e extraordinárias, à eleição de seus membros (se será através de assembleia ou votação de urna, se os membros formarão chapas ou apresentarão candidaturas individuais), à dinâmica das reuniões, à tomada de decisões (por votação secreta ou aberta), ao tempo de duração das reuniões, ao horário em que elas serão realizadas, à substituição de algum membro que deixe de comparecer às reuniões etc.

Observe-se, ainda, que a elaboração do **Regimento Interno** deve sempre estar em consonância com a legislação em vigor e considerar as normas dos respectivos Conselhos e Secretarias municipais e estaduais de educação.

Em relação às **funções**, os Conselhos de Escola podem ser: consultivos, deliberativos, normativos e fiscais.

O Conselho de **Natureza Consultiva**, como o próprio nome diz, não toma decisões, apenas é **consultado** em relação aos problemas da escola. Sua função é a de sugerir soluções que poderão, ou não, ser encaminhadas pela direção. Nos próprios documentos, a descrição de suas atribuições geralmente vem marcada por verbos como acompanhar, analisar, apreciar, assessorar, avaliar, discutir, opinar e propor. Já nos documentos sobre Conselhos de **Natureza Deliberativa**, a redação de suas atribuições apresenta, além daqueles, outros verbos como definir (diretrizes), elaborar, aprovar, decidir, indicar, garantir, arbitrar, eleger, **deliberar** etc., que revelam como estes Conselhos, os deliberativos, com maior força de atuação e de poder na escola.

A afirmação acima, analisada isoladamente sob o prisma semântico, pode não ser suficientemente esclarecedora para mostrar o que significa, na prática, trabalhar com um conselho deliberativo ou com um conselho consultivo. Mas, se considerarmos algumas atribuições específicas dos Conselhos de Escola, a título de ilustração e de elucidação de nossa preocupação, teremos um quadro mais nítido acerca das diferenças que, no trabalho cotidiano do Conselho, os verbos citados podem significar.

Há, na prática, uma diferença fundamental entre **decidir** ou simplesmente **opinar** sobre procedimentos relativos ao estabelecimento de prioridades na aplicação de verbas. No primeiro caso, o Conselho vai muito além de apresentar propostas; ele **decide**, ele **determina** onde e como aplicar tais recursos.

É mais enfático, também, **discutir** e **arbitrar** critérios e procedimentos de avaliação relativos ao processo educativo e à atuação dos diferentes segmentos da comunidade escolar, do que somente discutir sobre essa questão. É, ainda maior, a responsabilidade quando se **delibera** quanto à organização e ao funcionamento geral da escola, do que quando se **opina** ou se **assessora** a Direção da escola no mesmo sentido. Dependendo da natureza do Conselho de Escola, é possível afirmar que a participação de alunos, pais, professores, funcionários e comunidade escolar como um todo poderá ser maior ou menor, mais efetiva ou mais formal.

Tentando esclarecer um pouco mais a importância do colegiado deliberativo, podemos fazer uma breve analogia entre este e as instâncias de poder Legislativo e Judiciário. Assim como estas criam leis (poder legislativo) e acompanham sua execução (poder judiciário), julgando e garantindo para que elas sejam cumpridas, o conselho, que conta com a representatividade de atores educacionais e comunitários, também pode, guardados os graus de autonomia e consideradas as diretrizes gerais da administração, tomar decisões em relação à vida escolar, criando normas, "leis" que regerão o funcionamento da escola ("poder legislativo") e acompanhando sua execução pela direção ("poder judiciário"). É no Conselho que os problemas da gestão escolar devem ser discutidos e é nele que as reivindicações educativas serão analisadas para, se for o caso e dependendo dos encaminhamentos e da votação em plenária, serem aprovadas e remetidas para o corpo diretivo da escola — instância executiva ("poder executivo") — que se encarregará de colocá-las em prática.

Não podemos considerar a natureza dos Conselhos como uma questão menor. Suas funções são sempre revestidas de grande importância e relevância: definir seu Regimento Interno, discutir suas diretrizes e metas de ação, analisar e definir prioridades, discutir e deliberar sobre os critérios de avaliação da instituição escolar como um todo, enfim, garantir que, democraticamente, os membros da escola e da comunidade apreciem, opinem e proponham ações que contribuam para a solução dos problemas de natureza pedagógica, administrativa ou financeira da escola.

4. Diferentes opiniões sobre os Conselhos de Escola

De suas origens até os dias de hoje, os colegiados ou conselhos, em qualquer nível, têm sido alvo das mais diversas **reações**:

1º) Há os que veem neles uma ameaça.

2º) Outros os aceitam, mas tentam fragilizá-los pela burocratização.

3º) Outros ainda os aceitam, mas não os percebem como instrumentos eficientes e eficazes contra as administrações personalistas e autoritárias.

4º) Finalmente, há os que os defendem como a única possibilidade de democratização da gestão escolar, desde que tenham competências deliberativas e normativas.

Os que veem os Conselhos como ameaça percebem a força que eles podem ter para minar os instrumentos de poder autocráticos.

Os que aceitam os Conselhos mas tentam fragilizá-los pela burocratização, de um modo geral, isolam as questões intraescolares de seu contexto histórico-social, despolitizando-as e encarando-as como meras questões administrativas — problemas de competência profissional dos agentes escolares, de defasagem cultural entre o que a escola propõe e o que a comunidade é capaz de responder, de compatibilidade entre ações e eficiência/eficácia etc. Por isso, quando em cargos de direção, na maioria das vezes, como os primeiros, desenvolvem uma percepção meramente burocrática e verticalizada das relações, assumindo condutas de subserviência para com os superiores e de despotismo para com os demais membros da comunidade escolar e extraescolar. Transformam-se em capatazes de políticas de cuja formulação não participaram e submetem os demais a atividades que também separam concepção de execução, preocupando-se somente com o rígido sistema de controle e fiscalização e de aplicação de sanções que vão da advertência à exclusão do sistema.

Os que não percebem os Conselhos de Escola como instrumentos eficientes e eficazes contra as administrações personalistas e autoritárias argumentam, muitas vezes, que se as relações entre direção e subalternos fossem mais razoáveis, não haveria necessidade de instâncias coletivas de decisão, uma vez que as sugestões e críticas poderiam ser colocadas sem problemas. Esquecem-se de que, dificilmente, as pessoas formadas e vividas no autoritarismo apresentam aberturas para críticas, ao mesmo tempo que não abrem mão de dar a palavra final. Admitem, no máximo, os conselhos com funções meramente consultivas, baseando-se no "espírito democrático" da direção, que sempre levará em consideração as críticas procedentes e oportunas e as sugestões consistentes e adequadas ao momento. Os limites dessa concepção são claros: a adoção das decisões coletivas dependerá da identidade de propósitos da coletividade e da direção, permanecendo o poder com a instância superior.

Finalmente, os que defendem os Conselhos como única possibilidade de democratização da gestão escolar, desde que tenham competências deliberativas e normativas, acreditam nas potencialidades transformadoras das decisões coletivas, veem o colegiado como canal institucional de decisões, evitando-se a personalização dos avanços e recuos, dos elogios e das críticas, ao mesmo tempo que abre espaço para a formação das pessoas para a autodeterminação. Por outro lado, as questões tratadas pelos colegiados ou conselhos escolares são submetidas à análise antes de se avolumarem. Na maioria das administrações personalistas e centralizadas, os problemas evoluem a um nível insuportável para que haja manifestação dos atingidos, tornando-os de difícil solução.

É claro, porém, especialmente num país de pouca ou nenhuma tradição democrática, que o funcionamento de coletivos democráticos, eficientes e eficazes, em qualquer nível ou âmbito das relações sociais, apresenta uma série de **dificuldades**:

1ª) Dependendo das dimensões da comunidade universo do colegiado, há que se recorrer ao instituto da representação. Ora, de uma maneira geral, os representantes escolhidos são os que têm opiniões mais definidas e mais facilidade de expressão e que, com ou sem conselho, fariam sua voz ser ouvida. Os que têm mais dificuldade nesse nível são os que continuarão sem voz (diretamente) e sem treino de sua autoexpressão.

2ª) Dificilmente os representantes ouvem os representados para emitirem suas opiniões nos conselhos, seja por força de sua falta de disponibilidade de tempo, seja pelas dificuldades inerentes à representação de uma grande quantidade de pessoas, seja pela inibição que os representantes — de opiniões definidas e explicitadas com competência — impõem aos representados — de opiniões hesitantes ou mal expressas. Salvo honrosas exceções — especialmente as que se dão no interior de instituições fortemente articuladas, com tradicionais formas institucionais de representação — dificilmente, como no caso das escolas, a difusa e escassa articulação dos membros da comunidade a fará audível nas decisões escolares.

3ª) O caráter consultivo da maioria dos conselhos pode ser um mero álibi legitimador de decisões autoritárias e um inibidor da participação.

Todas essas dificuldades são objetivas e podem se transformar em perigos reais. No entanto, não há como superá-las senão pela via de sua experimentação concreta. Como a democracia, não há como ensiná-la teoricamente, mas apenas por sua vivência e experimentação. O aperfeiçoamento virá da discussão dos equívocos, das estratégias e táticas inadequadas e intempestivas. Não há como levar as pessoas a terem opiniões firmes, se elas não tiverem a oportunidade de as construir na prática; não há como vencer a timidez senão em situações de exposição pessoal para interlocutores. Por outro lado, a única maneira de testar a legitimidade de uma liderança é questioná-la quanto às aspirações, anseios, interesses e projeções de sua base social de sustentação.

Quanto à última dificuldade, a única forma de superá-la, diante de uma autoridade recalcitrante quanto à abertura para as funções deliberativas e normativas, é a luta concreta no interior e através da ação coletiva do conselho. É o colegiado que, limitado por sua função consultiva, reconhecerá e construirá as estratégias de seu avanço para a autodeterminação. Como início de um processo irreversível, o conselho consultivo é um primeiro passo.

6

PLANEJAMENTO SOCIALIZADO ASCENDENTE NA ESCOLA

José Eustáquio Romão e Paulo Roberto Padilha

Início do ano letivo. Dia de reencontros explosivos, de abraços meteóricos. Uma atmosfera cor-de-rosa entre docentes e equipe de direção; antigos companheiros de trabalho. Professoras e professores recém-chegados também participam da confraternização. Por todo lado, olhares curiosos, cautelosos, alguma aproximação, alguma retração, mas, de qualquer maneira, um clima de alegria. Vai começar a primeira reunião de um novo ano de trabalho educativo. Educar é uma luta constante, é um sempre novo recomeçar — todos concordam.

A diretora da escola exercita sua pontualidade. O coordenador pedagógico convida os presentes, com sua voz grave, a se encaminharem para uma sala de aula onde a reunião se realizará. Uma professora chega atrasada, na ponta dos pés, observada carinhosamente por seus colegas.

Todos ocupam seus lugares e as boas-vindas são oferecidas pela diretora que, logo em seguida, declara abertos os trabalhos. O tema da reunião administrativa e pedagógica é o planejamento e a organização do trabalho na escola.

O coordenador pedagógico passa a falar calmamente sobre as próximas tarefas. Informa que os planos de ensino deverão ser providenciados pela equipe docente e entregues ao final dos três dias de reuniões, após o que, imediatamente, as aulas terão início. Lembra que eles deverão ser elaborados em fina consonância com o Plano Diretor da Escola e com os Planos de Cursos já definidos nos anos anteriores. Acrescenta que estes, por sua vez, foram elaborados pelos especialistas da escola, dentro dos padrões científicos e técnicos exigidos pela Secretaria de Educação, e que eles estão perfeitamente de acordo com os Planos Nacional e Estadual de Educação, como deveria ser.

Em seguida, passa a palavra à senhora diretora, que fala um pouco sobre a organização da escola, dedicando-se mais à "parte administrativa". Ela distribui uma pauta mimeografada, com os itens que estarão sendo "discutidos": entrega de documentos, necessidade de pontualidade dos professores na entrada e na saída, novo código disciplinar para os alunos, definido pela direção durante as férias dos professores, elaboração do horário de aulas, novas regras para a utilização da cantina e novos horários de intervalos, lista de alunos das novas turmas, crachás para as primeiras séries, entre outros.

O coordenador pedagógico dá início a uma dinâmica de grupo. Solicita a formação de equipes, de acordo com suas disciplinas. Distribui uma papeleta para cada uma delas, através da qual orienta que cada grupo se reúna por meia hora e, em seguida, apresenta aos demais grupos alguns objetivos específicos de suas disciplinas para o ano letivo.

O tempo acaba não sendo suficiente. Após quase uma hora, o coordenador pedagógico anuncia o início das exposições orais. Nota-se no recinto um amargo sentimento, como se o encantamento inicial tivesse evaporado subitamente e dado lugar a um ar de constrangimentos, tal o silêncio que toma conta do ambiente. Professoras e professores, que já se mostravam confusos e aparentemente desanimados diante das palavras "planos", "planejamentos", "normas" e "prazos", estão agora ilhados em suas definições. Sem escolha, cada representante de grupo lê os objetivos específicos aos quais chegara sua equipe, o que não consegue provocar reações nos companheiros.

Terminada a dinâmica e estourado o tempo da reunião na parte da manhã, transfere-se para o período da tarde o início da elaboração do planejamento. Para tanto, como informa a diretora, os professores disporão de novos livros didáticos enviados pelas editoras, a partir dos quais poderão adaptar seus planos de ensino dos anos anteriores.

Assim começava a tarefa de planejar naquela escola, naquele ano, que a todos lembrava experiências burocráticas de anos anteriores, nada compensadoras.

A situação acima descrita, se alguma semelhança tiver com a realidade, não é mera coincidência. Trata-se, na verdade, de fragmentos de experiências verificadas em muitas escolas já há algumas dezenas de anos. E é nesse contexto em que se realizam, muitas vezes, as chamadas "Semanas de Planejamento" ou "Reuniões Administrativas e Pedagógicas".

Não se questiona a necessidade dessas reuniões na escola, mas sim os equívocos das atividades propostas e realizadas numa reunião como a acima relatada, se seus atores pretendem se inserir no campo da pedagogia libertadora. Elas estão muito distantes das que, efetivamente, deveriam ocorrer no universo da gestão democrática, consensualmente proclamada, mas escassamente vivenciada em nossas escolas. É exatamente a contradição discurso *versus* prática que pretendemos tematizar nas reflexões deste capítulo, tentando apontar as estratégias de um processo de planejamento que seja coerente com os princípios de uma pedagogia crítica. Consideramos que a metodologia do "Planejamento Socializado Ascendente" aplicada à organização do trabalho na escola é um dos caminhos para a superação da contradição mencionada.

A ideia do Planejamento Socializado Ascendente explicitou-se com mais clareza nas reuniões preliminares da criação da União

Nacional dos Dirigentes Municipais de Educação (UNDIME), quando da realização dos primeiros fóruns da entidade e de mobilização de seus membros para no Ano Internacional da Alfabetização. Ela ganhou maior consistência e sistematização no documento "Educar e Libertar", elaborado pela Comissão do Ano Internacional da Alfabetização (1989), que não chegou a ser publicado e divulgado pelo Ministério da Educação, embora a Comissão tivesse as prerrogativas legais conferidas pelo Governo Brasileiro para elaborar a proposta de participação do Brasil na Conferência Mundial de Educação para Todos, realizada em Jomtien (Tailândia). No ano seguinte, no contexto da mudança de Governo Federal no país, a Comissão continuou insistindo com metodologia proposta, mas somente após a substituição do Presidente afastado pelo *impeachment* foi possível dar continuidade à participação do Brasil na implementação das propostas de Jomtien, com a realização da Conferência Brasileira de Educação para Todos. Nela, o planejamento socializado ascendente, já experimentado em outros níveis de planificação da educação, alcançou uma dimensão nacional. Assim, apesar de todos os seus limites e dificuldades, dadas as dimensões do país e sua diversificação regional, sem falar na nossa tradição centralizadora, o Plano Decenal de Educação para Todos foi construído com essa nova metodologia. Mas o que ela significa? Como ela se diferencia dos outros modos de formular políticas educacionais? Em que consiste o Planejamento Socializado Ascendente?

Devemos, pois, iniciar a reflexão discutindo o significado dos três termos que compõem a expressão: "planejamento", "socializado" e "ascendente". Não que definir este ou aquele termo possa resolver os problemas e ultrapassar o centralismo típico de nosso sistema educacional; porém, sabemos também que nenhuma questão pode ser resolvida coletivamente, se as pessoas envolvidas na sua solução não construírem uma mesma compreensão denotativa prévia sobre o que estão falando e fazendo. Percebe-se, muitas vezes, que é muito comum nos meios pedagógicos brasileiros a dificuldade de se construir consensos pela polissemia atribuída aos mesmos vocábulos. Por outro lado, os temas em questão exigem um tratamento praxiológico, ou seja, por ser uma forma de intervenção na realidade concreta, a educação não pode ter seus temas tratados apenas de um ponto de vista teórico: a prática é perpassada de teoria e a teoria nada mais é que um processo de organização da reflexão sobre a prática. Aliás, não é outro o papel da própria escola senão o de se oferecer como espaço de organização da reflexão sobre as determinações naturais e sócio-históricas, no sentido de instrumentalizar os educandos com os aparatos gnoseológicos, políticos e éticos, para uma intervenção mais bem qualificada naquelas determinações. Nesse sentido, teoria e prática estarão, naturalmente, sempre imbricadas, sendo impossível tratar o planejamento das atividades da educação e da escola sem considerar esta característica.

Ao retomarmos cada termo da expressão que nos interessa explicitar, não iremos fazer sua exegese ou o estudo profundo de sua gênese e evolução etimológicas, porque este livro não se propõe a ser um tratado, mas apenas um instrumento de trabalho. O "planejamento", apesar de constar do conteúdo curricular de qualquer curso de Pedagogia, não é uma prática vivenciada nas unidades escolares. Ele é conhecido, mas tem sido indevidamente aplicado. "**Planejamento** é geralmente considerado um método para traçar as metas e os meios de alcançá-las" (MEC/FGV. *Dicionário de Ciências Sociais*. Rio de Janeiro: FGV/Instituto de Documentação, 1986. p. 897). Já o termo "socializado" pode conduzir a ambiguidades por causa de sua origem. Seu cognato mais próximo é "socialização", derivado da psicologia social e se refere ao processo pelo qual o indivíduo adapta-se a um determinado grupo pela adoção dos valores e do comportamento sancionado grupalmente. Em outras palavras, é a incorporação ou interiorização dos comportamentos sociais ou dos padrões culturais da sociedade na qual o indivíduo nasce ou se integra. A esta conotação psicológica conservadora, o Marxismo contrapôs a noção de redistribuição dos bens concentrados nas mãos da minoria. A partir daí, "socialização" não se colocou mais no campo semântico da conservação sociocultural, mas no de sua transformação, pela redistribuição do processo decisório, dos bens materiais e culturais, enfim, pela universalização do poder e do produto social. É neste último sentido que estamos entendendo o termo "socializado". E tomamos o particípio passado deste verbo tão recente ("socializar") por entendermos que, enquanto resultado provisório (plano) de um processo contínuo (planejamento), a decisão sobre as coisas da educação só tem sentido se já estiver qualificada, marcada pela ativa participação dos que serão envolvidos nas ações previstas e alvos de suas metas e objetivos.

A experiência tem demonstrado que entender o planejamento como queria R. G. Tugwell (id., ib.) — *processo pelo qual uma equipe de técnicos se reúne e reduz a relações recíprocas os materiais fornecidos pelas técnicas usuais da ciência política, da economia, da sociologia, da antropologia, da engenharia e da arquitetura, e pelo qual se projeta uma visão das necessidades do organismo social a que serve de base para a coordenação e sua direção* — não é justo, nem eficiente, nem eficaz. Constata-se que é mais difícil que alguém execute bem ou aceite na integralidade ser objeto de ações de cuja previsão não participou. Por mais competentes que sejam os técnicos, por mais engenhosos, consistentes e oportunos que sejam seus diagnósticos e prognósticos, nada disso garante — mesmo que nos abstraiamos dos aspectos políticos e éticos —, nada garante, repetimos, a eficiência e a eficácia de um planejamento assim elaborado, porque as metas e objetivos só ganham consequência quando são incorporados pela maioria. E esta maioria só incorpora bem qualquer proposta, na medida em que participa de sua concepção e formulação. Se a consistência interna de um plano depende de sua capacidade de confrontação adequada entre aspirações e meios, dependendo, portanto, de informações precisas sobre a dimensão das primeiras e a disponibilidade dos últimos, as estratégias de implementação dependem, fundamentalmente, da adesão de todos os envolvidos. Ou seja, tecnicamente, a consequência de um plano depende de um grupo de profissionais; politicamente, ela se fundamenta na adesão dos que nele serão envolvidos. Ora, é sabido que é mais fácil aderirmos a uma ideia ou proposta de cuja formulação participamos.

Finalmente, o adjetivo "ascendente" é sinônimo de "ascensionário" (*Dicionário Aurélio*), e ambos devem ser tomados, para os efeitos do que queremos expor como antônimos de "descendente", "de cima para baixo". Sabe-se que "ascendente" e "descendente" são carregados de conotações de parentesco, sendo o primeiro tomado como "ancestral", "antepassado" ou "ancestre" (id.). Poder-se-ia argumentar que, para os efeitos do sentido que queremos dar ao planejamento, o significado do qualificativo "ascendente" já estaria contido no "socializado", uma vez que a universalização da participação no processo decisório já implicaria a planificação de baixo para cima. No entanto, mantemos os três termos porque o último enfatiza o caráter das consolidações necessárias e progressivas, de um nível de decisão mais pontual ("mais baixo") para instâncias mais amplas ("superiores"). Significa dizer, por exemplo, no caso da educação, que o Plano Municipal de Educação deve ser a consolidação dos planos ou projetos político-pedagógicos das escolas de seu âmbito; já o Plano Estadual de Educação nada mais deve ser que a consolidação dos planos de seus municípios e, finalmente, o Plano Nacional de Educação deve resultar da consolidação dos planos das unidades da Federação. O objetivo é **inverter a relação vertical**, linear e hierarquizada, que tem caracterizado a prática do planejamento no sistema educacional. Isso significa que, através de uma prática democrática e de um planejamento interativo e participativo, estaremos quebrando e desfazendo, pela ação, a crença de que planejar é atividade muito complexa — porque científica — e, para a qual apenas os especialistas estão devidamente preparados.

E quando atuamos no nível da Escola, como aplicar o Planejamento Socializado Ascendente? Quais seriam as "instâncias inferiores" ou mais pontuais que iniciariam o processo? Dar respostas a estas questões e apresentar alternativas ao modo tradicional de planejar as atividades escolares é o que pretendemos neste trabalho.

1. Planejamento Educacional na Perspectiva Escola Cidadã

Devemos esclarecer que, quando pensamos no planejamento educacional e na organização do trabalho na escola numa perspectiva cidadã, faz-se necessário explicar o significado da palavra cidadania. Aqui ela é entendida como o exercício pleno e democrático, por parte da sociedade, de seus direitos e deveres.

Pensar em planejar a educação é parte essencial da reflexão sobre como realizar e organizar o trabalho escolar, o que significa encarar de frente os problemas dessa instituição e do sistema educacional como um todo, compreendendo as relações institucionais, interpessoais e profissionais nela presentes, avaliando e ampliando a participação de diferentes atores em sua administração, em sua gestão, assumindo-a enquanto instância social de contradições, propícia ao debate construtivo e, sobretudo, enquanto entidade que tem por principal tarefa propiciar aprendizagens e formar cidadãos.

Realizar os diversos planos e planejamentos educacionais e escolares, organizando a educação, significa exercer uma atividade engajada, intencional, científica, de caráter político e ideológico, por isso, de forma nenhuma, isenta de neutralidade. Dessa forma, **planejar**, em sentido amplo, é responder a um problema, isto é, estabelecer fins e meios que apontem para a sua superação, visando a atingir objetivos antes previstos, pensando e prevendo, necessariamente, o futuro, mas sem desconsiderar as condições do presente e as experiências do passado, levando-se em conta o contexto e os pressupostos filosóficos, culturais e políticos de quem, com quem e para quem se planeja.

Planejar a educação é ação de extrema relevância para melhor organização do trabalho na escola, cuja existência só pode ser legitimada pela consecução, com eficiência, eficácia e qualidade, dos fins para os quais ela foi criada e é mantida pela sociedade. Observe-se que não é possível dissociar a ideia de planejamento educacional e escolar da necessidade de se desenvolver, através de discussões e deliberações coletivas, um projeto político-pedagógico da unidade escolar.

Por outro lado, entendemos que conselhos escolares atuantes serão necessários a essa formulação, na medida em que sua atuação se volta para o interior da escola e das comunidades que lhe são imediatas (projeto político-pedagógico) e para seu exterior (instâncias "superiores") cujos projetos ou planos deverão nascer da consolidação dos primeiros. Quando se trabalha o Planejamento Socializado Ascendente, o momento do local já exige estar de olho no mais amplo, no global, tanto para que não ocorra o isolamento no "localismo" e no "provincialismo", quanto para apontar o rumo das consolidações das instâncias "superiores". Um dos resultados desse processo será o de influenciar e provocar transformações nas instâncias educacionais que, historicamente, têm ditado o como, o porquê, o para quê, o quando e o onde planejar. Por ser científica, a atividade de planejar é sistemática, tem um objeto de estudo bem definido e apresenta uma metodologia, o que facilita o trabalho de quem planeja, especialmente se isso é realizado coletivamente, e viabiliza a execução e a avaliação do que foi planejado.

Com tal compreensão e prática, estaremos desvelando o mito do planejamento e enxergando, inclusive, o seu caráter político e ideológico, pois, ao se definir objetivos, metas, metodologias de ação, formas de avaliação do trabalho na escola etc., estamos fazendo opções, estamos atribuindo às nossas ações educativas caráter transformador ou conservador. Dessa forma, o planejamento educacional e a organização do trabalho escolar, pensados e acompanhados por todos e para todos, não serão atividades meramente burocráticas, técnicas, como tem ocorrido no país nos últimos anos; será, ao contrário, um verdadeiro exercício de cidadania, porque envolverá a participação e a tomada de decisões da população em relação a um serviço que lhe é prestado pelo Estado.

Como em qualquer outro setor, o planejamento educacional, em qualquer âmbito, para ser consistente, tem de partir de um minucioso diagnóstico do universo que será alvo das intervenções nele previstas. Devem ser identificadas, previamente, todas as suas características, seus problemas, sua capacidade instalada, as demandas em relação a seus serviços, enfim, e no caso da unidade escolar, suas carências e suas potencialidades, para confrontá-las com o atendimento atual e potencial, a fim de adequar demanda e disponibilidade de atendimento.

No caso específico da educação, o Instituto Paulo Freire desenvolveu a metodologia da **Carta Escolar**, que, como vimos no capítulo 4 deste livro, é um retrato de corpo inteiro e em profundidade do sistema educacional confrontado com as demandas que lhes são dirigidas. Esse diagnóstico é essencial para a elaboração do Planejamento Socializado Ascendente em qualquer nível.

2. O Planejamento Socializado Ascendente

Não é demais lembrar que estamos diante da possibilidade da utilização de um instrumento que contribui para a construção da "educação para a cidadania", a partir da integração das forças de todos os sujeitos, segmentos ou grupos comunitários e sociais que, direta ou indiretamente, atuam e se relacionam com a escola e com os demais níveis educacionais, ou seja, o municipal, o estadual e federal.

Retornemos às questões colocadas inicialmente neste capítulo: — Quais seriam as unidades constitutivas básicas, a partir das quais seriam realizadas as consolidações sucessivas, até que se chegasse ao projeto político-pedagógico da escola? Que instâncias de planejamento detectamos numa unidade escolar e seu meio imediato?

Primeiramente, percebe-se que, para desenvolver seu trabalho em sala de aula, os professores têm de elaborar seus planos de curso, que se desdobrarão em planos de séries, de turmas e também de aulas. Parte-se destas últimas? Parece-nos que não, porque as aulas não se constituem em etapas isoladas, mas em processos de relações que precisam se referenciar em conjuntos significativos. Da mesma forma, os planos de séries e de curso necessitam referências relativas às metas e objetivos da escola. Por sua vez, as metas e objetivos da escola serão ilegítimos se não se voltarem para as necessidades específicas de seus usuários. Por outro lado, a escola está inserida em sistemas mais amplos que a têm como parte constitutiva e constituinte. Então, não devemos começar do mais amplo, do Plano Nacional, e ir "descendo" até o projeto da escola? Mas, e o sentido "ascendente" proposto? Não podemos esquecer que tanto a realidade quanto a teoria sobre ela é dialética, isto é, as diretrizes das instâncias superiores referenciam, ao mesmo tempo que são construídas pelas propostas mais localizadas. As diretrizes nacionais, estaduais, e até mesmo municipais, devem ser levadas em consideração e, se destoam das necessidades básicas das comunidades locais, devem ser objeto de reflexão e, se for o caso, alteradas, no sentido de representarem, legitimamente, as aspirações, as projeções e os ideais dos homens historicamente situados, e não metafisicamente considerados. E não são os alunos que devem adaptar-se aos sistemas educacionais e às escolas, mas estes é que devem se adequar para prestarem os serviços demandados. São as escolas que devem adaptar-se às necessidades de seus usuários (ver CECCON, Claudius; OLIVEIRA, Miguel Darcy de; OLIVEIRA, Rosiska Darcy de. *A vida na escola e a escola da vida*. 13. ed. Rio de Janeiro/Petrópolis: IDAC/Vozes, 1985).

Desta forma, o ponto de partida é ouvir as comunidades-alvo do trabalho educacional. E se a escola atende a um universo, territorial e demograficamente ampliado e diversificado além do levantamento científico dos dados (Carta Escolar), deverá propiciar os espaços e instrumentos para que os diversos segmentos desta comunidade verbalizem suas expectativas em relação ao trabalho escolar. Imaginemos que a escola atende a quatro bairros que lhe são adjacentes. Aplicando a metodologia do Planejamento Socializado Ascendente, cada bairro, através de assembleias de seus diversos segmentos (adultos, adolescentes e crianças), elaboraria seus próprios diagnósticos e proporia as soluções para os problemas levantados. Simultaneamente, os segmentos dos profissionais que atuam na escola estariam fazendo o mesmo, em relação às suas condições de trabalho e o desempenho que entendem ser necessário, na sua visão, para a prestação de um serviço educacional de qualidade. Se considerarmos duas categorias de profissionais — docentes e não docentes — e os três segmentos de cada bairro no exemplo dado, teríamos, ao final desta fase, cerca de 14 (catorze) documentos de diagnósticos e de propostas, a partir de visões de mundo específicas.

Em seguida, a representação de cada um destes segmentos se consolidaria com os de mesmo gênero, de forma que, ao final desta fase, ter-se-ia três documentos da comunidade (um dos adultos, um dos adolescentes e um das crianças) e dois dos profissionais. Finalmente, um grupo de trabalho tirado do Conselho da escola, que deve contemplar a representação de todos estes segmentos e categorias, consolidaria os documentos em um só, para aprovação em plenário, ou, se quiser ser mais democrático ainda, numa ampla assembleia de todos, ordenando as propostas por prioridades.

É importante lembrar que em todas as fases do processo e em todos os níveis de discussão e deliberação coletivas, as informações da Carta Escolar deverão estar à disposição para a tomada de decisões.

Ordenar a participação é, pois, a segunda característica desse tipo de planejamento, que chamamos de **estratégia ascendente**. Esta estratégia implica combinar, a partir das bases, a divisão de tarefas, em definir a coordenação de grupos, em escolher representantes dos segmentos escolares e das equipes multissegmentárias para que se organizem consensos básicos, viabilizando a consolidação de decisões e deliberações dos grupos participantes.

Nesse sentido, operacionaliza-se a ação e todas as etapas do planejamento escolar, observando-se, ainda, que os temas que não forem objeto de consensos básicos retornarão a todo o grupo para serem rediscutidos. E permanecendo o dissenso sobre determinados aspectos, submete-se à votação, prevalecendo a decisão da maioria.

Representantes da escola deverão ser também definidos pelo grupo para que as consolidações do planejamento socializado ascendente não fiquem restritas aos muros escolares. Dessa maneira, tais representantes estarão veiculando as experiências de suas escolas em outras instâncias e níveis educacionais. Ou seja, tudo o que estiver acontecendo na escola deverá ser também socializado com outras escolas, com outros sistemas ou subsistemas.

Esse processo revela a importância do Conselho de Escola, dos Conselhos Municipais e Estaduais de Educação, no sentido de se levar aos níveis superiores da administração educacional as deliberações tiradas na base do sistema de ensino. Além destas, outras instâncias representativas intermediárias podem ser criadas no nível local ou regional (Conselhos regionais, interescolares, intermunicipais) para a troca de experiências e para a adoção de propostas educacionais mais amplas que, no limite, poderão influenciar na própria definição das políticas públicas municipais, estaduais e federais de educação.

Ao pensarmos no Planejamento Socializado Ascendente estamos viabilizando o projeto político-pedagógico da escola. Como explica Mário Osório Marques:

> *(...) a comunidade argumentativa dos interessados no projeto político-pedagógico da escola não se limita, porém, ao interior e ao entorno imediato dela. Lida ela com interesses relevantes para a sociedade toda, que perpassam as demais instituições sociais e os grupamentos humanos em articulações múltiplas e complexas. Dependem a concepção, a organização e a condução da escola de intenções políticas em interação dinâmica e conflitiva, que, embora articuladas fora da escola, a penetram, modelam e controlam.*
>
> *Dão-se as relações entre a escola e a sociedade pela mediação da família e dos grupos de iguais, das organizações locais, dos movimentos sociais, das demais instituições da sociedade civil e, em especial, pela ação do poder político organizado no Estado com seus níveis de município, de estados-membros e da Federação, em* ***movimento ascendente*** *(grifo nosso) desde que se concebe a democracia como o efetivo poder dos cidadãos no mundo de suas vidas, e desde que os recursos públicos são gerados nos processos do trabalho.* (*O projeto pedagógico da Escola*. Brasília, MEC/SEF, 1994, p. 10-11, Série "Atualidades Pedagógicas", 9).

O Planejamento Socializado Ascendente pretende quebrar a espinha dorsal do planejamento educacional autoritário, de cima para baixo, seja em que nível for, invertendo a relação de poder na educação e, por conseguinte, na própria sociedade. Estará também contribuindo para superar a resistência à participação no âmbito escolar, que considera, com razão, o planejamento atualmente praticado na escola uma atividade meramente burocrática, sem sentido, de caráter tecnicista e com objetivos apenas formais.

3. Metodologia de elaboração do Planejamento Socializado Ascendente

Se considerarmos que planejar a educação de forma socializada é exercitar a cidadania, pois implica tomada de decisões, envolvimento com as ações do cotidiano escolar e avaliação dos serviços prestados à população, o planejamento deve começar pela inserção de toda a sociedade no debate democrático sobre questões relativas não só ao processo de ensino e aprendizagem, mas também em relação às questões administrativas e financeiras da escola e às questões da própria sociedade em que ela se insere, considerando sempre os condicionantes socioculturais e políticos que influenciam e afetam diretamente o cotidiano escolar.

Como o Planejamento Socializado Ascendente só é possível a partir de um contexto bem específico e conhecido, devemos, para tanto, conforme já afirmamos anteriormente, partir de um diagnóstico detalhado da escola e da educação em nível local, municipal e estadual, a ser realizado mediante a aplicação de metodologias inovadoras de pesquisa, elaboradas cientificamente e baseadas numa nova ética que considere e respeite, sobretudo, a história e a cultura local dos cidadãos pesquisados.

Portanto, o primeiro passo do Planejamento Socializado Ascendente, em nível de unidade escolar, é a Carta Escolar.

A Carta Escolar, enquanto estudo inicial de dados da realidade escolar e de diagnóstico (ou interpretação daqueles dados), prevê, desde o início do planejamento, a participação de todos os segmentos, pois o amplo levantamento de informações torna-se inviável sem que todos sejam envolvidos. A Carta, ao contar com as comunidades intra e extraescolares e ao ouvi-las, estará buscando as possíveis alternativas de solução aos problemas encontrados. Confiar-se-á na capacidade reflexiva de todos os segmentos escolares e comunitários e em suas potencialidades de ação, corresponsabilizando-os na busca de soluções e superação dos problemas.

Concluída essa etapa, a escola terá diante de si as informações que lhe permitirão definir prioridades. É importante evitar, nessa fase, a tentação de se querer resolver, de uma só vez, todos os problemas detectados no diagnóstico realizado. É necessário também que se contextualizem os objetivos, as metas, as estratégias de ação, o tipo de avaliação que se fará do processo e estabelecer as intervenções a serem realizadas na escola, escolhidas por ordem de prioridade, após verificar a disponibilidade de meios para a sua superação, num horizonte de tempo predeterminado.

Definidas as ações, o cronograma de atividades, as tarefas e as equipes responsáveis por estas, devem ser escolhidos os representantes da escola que atuarão junto aos colegiados intermediários e/ou conselhos municipais ou estaduais de educação, para que sejam a eles levadas as prioridades definidas pela unidade escolar.

Cuidados com o **democratismo** e com o risco do populismo devem ser tomados, pois, se presentes, podem inviabilizar o processo democrático necessário ao planejamento socializado ascendente em quaisquer de suas fases.

A escola e cada um dos possíveis níveis intermediários de representação deverão estar sendo, permanentemente, informados sobre as deliberações, os encaminhamentos, as consolidações, as conquistas e os entraves verificados em todo o processo, nos níveis seguintes.

4. Etapas Escolares: Possíveis Parâmetros

O Planejamento Socializado Ascendente na escola pretende superar a prática de atribuir a competência de planejar apenas a uma minoria de especialistas que, baseados numa suposta neutralidade política e científica, determinam os destinos da unidade escolar ou da educação como um todo, cabendo aos educadores, aos educandos, a todos os segmentos escolares e à comunidade educacional em geral apenas a tarefa da cumprir à risca o que foi por eles planejado. Superar tal exclusão e tal limitação é objetivo desta proposta.

Assim, na escola, as possíveis etapas desse processo podem ser as seguintes:

1ª) O Conselho de Escola convoca uma Assembleia Geral para discussão do Planejamento Socializado Ascendente. Caso não exista um colegiado, a escola poderá organizar uma Comissão responsável pelos encaminhamentos relacionados ao Planejamento Socializado Ascendente.

2ª) Todos os segmentos escolares deverão estar representados, paritariamente, nessa reunião. Associações comunitárias deverão também estar representadas, bem como os representantes de todas as instituições escolares (APM, Caixa Escolar, Grêmio Estudantil).

3ª) Na reunião, deve ser explicado, detalhadamente, no que consiste esse tipo de planejamento, o projeto político-pedagógico da escola, a gestão democrática, definindo datas e espaços para que os segmentos escolares se reúnam em separado para escolher representantes, via eleição, que estarão envolvidos com a elaboração do planejamento.

4ª) Deve ser desencadeado amplo movimento de sensibilização da comunidade para compreender a importância da Carta Escolar e de sua realização.

5ª) Em seguida, elabora-se o Plano de Trabalho para a efetivação da Carta Escolar.

6ª) Definem-se as equipes e as tarefas relativas à primeira atividade do planejamento e organização da Carta Escolar no estabelecimento de ensino.

7ª) Realizam-se reuniões para organização das equipes que participarão da Carta Escolar (ver capítulo 4 desta obra).

8ª) Deve ser levada a efeito ampla mobilização da comunidade para a realização da Carta Escolar do estabelecimento de ensino.

9ª) Após a realização da Carta Escolar, a comunidade escolar estará de posse dos elementos da realidade para elaborar seu Projeto Político-Pedagógico, reunindo-se para elaborar as propostas, de acordo com as etapas anteriormente explicitadas no exemplo de uma escola que serve a quatro bairros, definindo subcomissões para todas as tarefas necessárias à organização e funcionamento da escola nos seus aspectos administrativos, pedagógicos e financeiros.

10ª) O Conselho Escolar deverá se reunir periodicamente a fim de renovar, acompanhar e avaliar, permanentemente, as ações implementadas na escola, os projetos desenvolvidos, os obstáculos encontrados e o nível de alcance das metas e objetivos estabelecidos no Planejamento Político-Pedagógico da Escola.

11ª) Devem ser escolhidos os membros do Conselho que irão representar a escola nos demais níveis de planejamento educacional (local/municipal/estadual).

Podemos concluir que o planejamento, nessa nova perspectiva, poderá propor ações com base no estabelecimento de finalidades e de objetivos educacionais claramente definidos, sem perder de vista a multiplicidade cultural, política e social que, certamente, aparecerá ao longo do processo. Desta maneira, viabiliza-se o estabelecimento de metas, metodologias e formas de avaliação das atividades educacionais que favoreçam a ação de todos, com a finalidade de superarem, coletivamente, os problemas e as demandas educacionais verificadas a cada momento.

O Planejamento Socializado Ascendente representa, assim, um instrumento eficaz para contribuir com a melhoria da qualidade do serviço educativo oferecido pela instituição escolar. A escola continuará contando com a devida orientação por parte das Secretarias Municipais e Estaduais de Educação que, por sua vez, serão também influenciadas e fiscalizadas em sua própria atuação.

Hoje, a sociedade brasileira cobra, cotidianamente, a superação do nível insatisfatório da qualidade de ensino, o fim das práticas inadequadas de avaliação do desempenho educacional do aluno, a definição de metodologias educacionais apropriadas e contextualizadas e reclama da inexistência de uma política devidamente comprometida com as suas necessidades educativas e com os problemas enfrentados pelo magistério, que favoreça, principalmente, a implementação da gestão democrática na escola.

A sociedade não reclama apenas. Ela quer ser ouvida e quer colaborar. Por isso, tem lutado por mais espaço e oportunidades de participação para cumprir, inclusive, o que prevê a Constituição Federal de 1988 em seu artigo 205: "A educação, direito de todos e dever do Estado e da família, será promovida e incentivada com a colaboração da sociedade, visando ao pleno desenvolvimento da pessoa, seu preparo para o exercício da cidadania e sua qualificação para o trabalho".

Encontramo-nos diante de desafios que podem ser mais bem enfrentados a partir de ações efetivamente democráticas, como é o caso de um Planejamento Socializado Ascendente, que, se não elimina de vez, diminui consideravelmente a possibilidade de nos depararmos com experiências como a que apresentamos no início deste trabalho, que não garantem a participação dos segmentos escolares sequer no planejamento da escola e do ensino, que não permitem aos docentes o uso da palavra, que definem pautas, normas e prazos autoritariamente, que entendem o planejamento como uma atividade meramente formal, que aplicam dinâmicas sem critérios e sem explicar os objetivos de quaisquer atividades, que obedecem cegamente às ordens vindas "de cima", que entendem a organização do trabalho na escola como um rol de atividades burocráticas e puramente administrativas e que, além de tudo, apenas se referem ao aluno para discipliná-lo e para limitar a sua atuação aos quase inexistentes espaços escolares de participação.

O Planejamento Socializado Ascendente, ao propor uma nova orientação participativa no âmbito escolar e educacional, contribui, certa e decisivamente, para a redefinição das próprias políticas educacionais do país e influi no sentido de que se revejam as finalidades da educação, os seus objetivos e o próprio papel da escola na sociedade atual, de acordo com as necessidades do mundo moderno e as exigências das comunidades escolares locais. Garantida a voz e a capacidade de ação aos que sempre se viram alijados de participar do destino da educação no país, a luta por uma educação de qualidade para todos estará, de fato, dando um passo significativo rumo à construção de uma sociedade verdadeiramente democrática, ética, justa e solidária.

7

DIRETORES ESCOLARES E GESTÃO DEMOCRÁTICA DA ESCOLA

José Eustáquio Romão e Paulo Roberto Padilha

É comum, ainda hoje, ouvir de alguns dirigentes escolares a seguinte afirmação: "os professores precisariam passar um mês, uma semana ou mesmo um dia na direção para entender melhor como é difícil administrar sozinho essa escola".

Além de se referir à complexidade das funções do diretor escolar, a afirmação acima sugere que os docentes desconhecem a organização, o funcionamento e a estrutura, sobretudo administrativa, da escola, o que, muitas vezes, é verdadeiro. Nem por isso, são os professores os maiores responsáveis por tal desconhecimento, uma vez que estão diante dos reflexos de um modelo de gestão escolar baseado numa estrutura administrativa autocrática, vertical e hierarquizada, fundamentada numa rede de ensino ou num sistema educacional burocrático e fechado. Sistema esse que não admite ou que, no mínimo, dificulta a participação de seus representantes e das representações dos demais segmentos escolares e comunitários na gestão da unidade e na escolha de seus próprios dirigentes. Um dos fatores que obstaculizam a participação da comunidade na escola é a ausência de programas sérios, consistentes e permanentes, que possibilitem a **capacitação** dos segmentos escolares.

Existem outros obstáculos à participação: a falta de uma política educacional que valorize os educadores, estabelecendo planos de carreira e remuneração digna, a inexistência de uma legislação apropriada que regulamente os princípios de uma gestão democrática da escola pública, para que as experiências democráticas acumuladas nos Estados e Municípios brasileiros tenham o devido respaldo legal e para que não sejam interrompidas apenas pela vontade do chefe do poder executivo. Além disso, é preciso que uma série de medidas políticas, sociais e econômicas sejam tomadas no país para que conquistemos a justiça social.

Como afirma o professor Moacir Gadotti em seu livro *Pedagogia da práxis* (São Paulo: Cortez/IPF, 1995. p. 76), "se é verdade que a educação não pode fazer sozinha a transformação social, também é verdade que a transformação não se efetivará e não se consolidará sem a educação". No mesmo sentido, não podemos pensar que a gestão democrática da escola possa resolver todos os problemas de um estabelecimento de ensino ou da educação, mas a sua implementação é, hoje, uma exigência da própria sociedade, que a enxerga como um dos possíveis caminhos para a democratização do poder na escola e na própria sociedade, conforme pudemos verificar em pesquisa recentemente realizada pelo Instituto Paulo Freire, em nível nacional.

Outro aspecto que merece destaque neste trabalho é o fato de que a atual prática gestionária nas escolas acaba exigindo dos diretores uma dedicação maior, e às vezes plena, às questões administrativas, obrigando-os a tornar secundário o aspecto mais importante de sua atuação, ou seja, a sua responsabilidade em relação às questões pedagógicas e propriamente educativas, que se reportam à sociedade como um todo e, especificamente, à sua comunidade escolar. Com essa análise, geralmente concordam professores, diretores, "especialistas" e "teóricos" da administração escolar.

A afirmação de que "é difícil administrar sozinho a escola", conforme inicialmente ilustramos, denuncia o isolamento do dirigente escolar enquanto responsável único e último pela instituição educativa, o que, muitas, vezes independe de sua vontade mas não de seu cargo. A administração autocrática, isto é, a que centraliza todas as decisões e todo o poder nas mãos da diretora ou do diretor, acaba gerando uma sobrecarga de trabalho para os mesmos e, por conseguinte, estabelece relações conflituosas no âmbito escolar, o que contribui para gerar o insucesso dos alunos.

Por outro lado, é importante observarmos que a atuação do diretor, as suas atribuições e o seu vínculo com a escola se alteram, dependendo da forma de sua escolha e de acordo com o tipo de gestão que ele implementa.

Uma reflexão sobre a gestão democrática da escola — a partir da compreensão dos professores e dos demais sujeitos nela envolvidos —, relacionada à escolha e à atuação do dirigente escolar, pode contribuir para a superação de conflitos, para a melhoria do trabalho, para as relações intraescolares e, fundamentalmente, para a qualidade do ensino.

Deparamo-nos, pois, com um problema que nos exige soluções. Para chegarmos a elas, estaremos analisando algumas formas de escolha do diretor de escola e definindo parâmetros para a sua escolha e para gestão democrática da escola pública. Pretendemos identificar alguns princípios inerentes à implementação de uma gestão escolar democrática e também identificar algumas atribuições fundamentais dos diretores, no exercício de suas funções no universo desse tipo de gestão e que devem ser compreendidas também pelos docentes e demais sujeitos educacionais.

A escolha e designação de dirigentes escolares predominantes no sistema escolar público brasileiro têm sido aquelas decorrentes do arbítrio do chefe do Poder Executivo, tanto no nível estadual quanto no municipal, por se tratar, em sua grande maioria, de cargos comissionados, comumente denominados "cargos de confiança".

O processo de escolha democrática de dirigentes escolares teve seu início na década de 1960 quando, em 1966, os colégios estaduais do Estado do Rio Grande do Sul realizaram votação para diretores de escola com base em listas tríplices. A partir da década de 1980 e principalmente nos dias atuais, tem havido grande preocupação em relação aos processos de escolha de diretores escolares nos Municípios e Estados brasileiros, o que vem estimulando um permanente questionamento sobre o papel do dirigente escolar na construção de uma gestão democrática da escola pública.

Podemos estabelecer, para fins desta análise, quatro categorias de escolha de diretores escolares, quais sejam, ***nomeação***, ***concurso***, ***eleição*** e ***esquemas mistos***.

No caso da **nomeação**, o diretor é escolhido pela vontade do agente que o indica, ou seja, pelo governador ou pelo prefeito. Dessa maneira, o diretor assume um cargo de confiança e torna-se o representante do poder executivo na escola. Por isso mesmo, pode ser substituído a qualquer momento, de acordo com os interesses políticos e com as conveniências daqueles que o escolheram. A experiência nacional mostra que nesse tipo de escolha o que mais acaba pesando na definição do diretor de escola são **critérios político-clientelistas**.

O **concurso**, por sua vez, é realizado através de provas ou de provas e títulos. As provas são geralmente escritas, dissertativas ou não, de caráter conteudista, e a prova de títulos se refere à comprovação da formação específica que habilita o candidato ao cargo. Um argumento favorável a esse tipo de escolha é o de que ele **defende a moralidade pública** e evita o apadrinhamento político. No entanto, ao se acentuar a adoção de critérios considerados objetivos e técnicos na definição dos concursos públicos e, portanto, na seleção dos candidatos, acaba-se por não se observar a aferição de sua liderança face aos demais agentes escolares (profissionais e usuários). Ora, a avaliação do desempenho de um candidato, não limitada ao exame de provas e títulos, é fundamental em qualquer função de direção. Nesse processo, como afirma o Professor Vitor Henrique Paro em artigo intitulado *Participação da comunidade na gestão democrática da escola pública (Série Ideias*, São Paulo, n. 12, FDE, p. 39-47, 1992), "o diretor escolhe a escola mas nem a escola nem a comunidade podem escolher o diretor". Isto significa que o concurso acaba sendo democrático para o candidato, que, se aprovado, pode escolher a escola onde irá atuar, mas é antidemocrático em relação à vontade da comunidade escolar, que é obrigada a aceitar a escolha do primeiro. Se assim acontece, o diretor pode acabar não tendo grandes compromissos com os objetivos educacionais articulados com os interesses dos usuários, o que gera, muitas vezes, a negligência em relação às formas democráticas de gestão, ainda que isso não possa ser considerado uma regra.

Baseada na manifestação da vontade da comunidade escolar, a **eleição** pode se efetivar de diversas formas: voto direto, representativo, uninominal ou ainda por escolha através de listas tríplices ou plurinominais. As experiências com este tipo de escolha têm mostrado que tal critério favorece a discussão democrática na escola e acaba implicando **maior distribuição do poder** para as instâncias da base da pirâmide estatal.

Na medida em que se exige do candidato à função de diretor de escola o equilíbrio entre a competência técnico-acadêmica e a sensibilidade política — requisito indispensável para o diretor-educador, que se coloca antes de ser resolvida a questão do provimento do cargo — este, sendo eleito, acaba assumindo responsabilidades políticas junto à comunidade escolar que o escolheu. Geralmente tem se adotado o mandato por tempo determinado com direito a uma reeleição. Esse tipo de escolha de dirigente escolar favorece, sem dúvida nenhuma, **a gestão democrática e colegiada da escola**.

O **esquema misto**, que combina diferentes formas, prevê, na maioria das vezes, duas ou mais fases no processo de escolha dos diretores, como, por exemplo, provas que avaliam sua competência técnica e sua formação acadêmica, além de eleições que tentam medir sua experiência administrativa, capacidade de liderança etc. No esquema misto, a comunidade escolar geralmente participa de uma ou mais fases do processo de seleção. Quando é esse o caso, o diretor acaba tendo também maior vínculo e compromisso com aqueles que o escolheram ou indicaram.

Consideradas as formas de escolha antes destacadas, é oportuno observar que, a partir da aprovação da Constituição de 1988, muitos administradores abriram mão da prerrogativa constitucional de nomear o diretor de escola, iniciando o processo de implantação da gestão democrática no ensino antes mesmo de sua regulamentação, permitindo a eleição dos dirigentes escolares. No entanto, como a história da eleição de diretores de escola no Brasil é marcada por avanços e retrocessos, não podemos mais depender da vontade política das Constituições estaduais e das leis orgânicas municipais, que têm consignado aos governadores e prefeitos a competência privativa para a nomeação de agentes para o exercício de cargos públicos comissionados, numa projeção extensiva do que dispõe a Constituição Federal sobre as prerrogativas do Presidente da República (arts. 36 e 61, II).

Assim sendo, torna-se necessário aproveitar a experiência democrática acumulada no país e, a partir daí, procurar **regulamentar** o princípio da "gestão democrática do ensino público, na forma da lei", previsto no artigo 206, inciso VI, da Constituição Federal. Para tanto, cumpre-nos discutir na escola, na comunidade e em toda a sociedade os parâmetros da gestão democrática da escola pública que, por sua vez, estarão norteando a construção de uma futura "Lei da Gestão Democrática".

Resta-nos observar que a eleição de dirigentes escolares aqui defendida é apenas um dos componentes da gestão democrática do ensino público e só terá efeito prático eficaz se associada a um conjunto de medidas que garantam, por exemplo, a capacitação para a participação efetiva dos representantes dos segmentos escolares e da comunidade nos destinos da escola pública. Esta participação efetiva exige, por sua vez, que procuremos entender as características dos sujeitos aos quais estamos nos referindo.

Segundo o Professor Jair Militão, em sua tese de doutoramento na FE-USP, intitulada *Democracia e Educação: a alternativa da participação popular na administração escolar* (São Paulo, 1989, p. 132-33),

> *o termo* ***sujeito****, acrescido dos adjetivos* ***corporativo*** *ou* ***cultural****, refere-se a um grupo de pessoas que agem na sociedade conforme um critério comum que as identifica, de tal modo que se reconhecem como mutuamente pertencentes a uma mesma história e possuindo um mesmo destino como horizonte. Há uma percepção de um* ***nós ético*** *que constitui tais pessoas numa unidade. O sentimento de pertencer cria e mantém a comum identidade. A noção de sujeito é aqui tomada em sua forma substantiva e quer significar um ser ativo, responsável, titular de direitos e deveres. Ser sujeito é ser capaz de julgar a realidade, empenhando-se pela sua transformação — ou manutenção — de modo a assumir a responsabilidade consciente pela própria vida. (...) Os adjetivos* ***corporativo*** *e* ***cultural*** *visam a apontar a ênfase maior ou menor que tenham os objetivos dominantes no grupo em relação à obtenção de benefícios para o próprio grupo ou para os demais grupos existentes; (...)* ***sujeitos corporativos*** *são aqueles cuja ênfase se dá na busca de benefícios limitados ao próprio grupo, enquanto* ***sujeitos culturais*** *visam a objetivos de caráter mais geral cuja consecução tende a favorecer a um número maior de pessoas e grupos. A rigor, às ações do sujeito cultural poder-se-ia aplicar um princípio de universalidade: o que é de direito e dever para o grupo é defendido igualmente para qualquer outro grupo. Nesse sentido, o sujeito cultural é necessariamente pluralista.*

O professor Militão observa ainda que, numa mesma comunidade, podem existir vários sujeitos além dos que acima acentuou. De qualquer maneira, estamos particularmente interessados na possibilidade de esses sujeitos, preferencialmente os **culturais**, vivenciarem um processo de capacitação para essa participação, formal ou informalmente, ou seja, mediante programas duradouros de capacitação custeados pelo Estado e pela articulação dos diferentes sujeitos escolares em torno dos problemas, dos interesses, das expectativas e das atividades cotidianas da escola. Se esta estiver aberta à participação, passo inicial importante terá sido dado na direção da gestão democrática a que estamos nos referindo.

A gestão democrática não é processo simples de curtíssimo prazo, mas também não é processo tão complexo ou irrealizável, de prazo interminável. Significa dizer que ela se constituirá numa ação, numa prática a ser construída na escola. Ela acontecerá se associada à elaboração do projeto político-pedagógico da escola, à implantação de Conselhos de Escola que efetivamente influenciem a gestão escolar como um todo e às medidas que garantam a autonomia administrativa, pedagógica e financeira da escola, sem eximir o Estado de suas obrigações com o ensino público.

A gestão democrática à qual nos referimos faz parte de uma desejada Escola Cidadã, que é **estatal** quanto ao financiamento, pois o Estado deve repassar os recursos diretamente à escola para que o dirigente escolar possa executar o que o coletivo escolar deliberou e aprovou em seu projeto político-pedagógico. Observe-se ainda que a escola, fazendo uso de sua autonomia financeira, poderá, inclusive, estabelecer parcerias com demais instâncias da sociedade civil, no sentido de subsidiar projetos voltados para a melhoria da qualidade do ensino, desde que as decisões relacionadas com a gestão dos recursos públicos e dos originários de parcerias sejam administrados pelo coletivo democrático, que vai gerir a unidade escolar. Os recursos oriundos de fontes extraestatais devem ter caráter excepcional e complementar, não eximindo o Poder Público, em nenhuma hipótese, de arcar com o financiamento da educação.

A Escola Cidadã à qual nos referimos é também **comunitária** quanto à gestão, pois todos os segmentos escolares e comunitários devem eleger o dirigente escolar, participar do Conselho de Escola, definir e deliberar, de forma socializada, sobre as suas diretrizes e prioridades, acompanhar, avaliar e fiscalizar a execução do planejamento político-pedagógico da escola. Essa escola é, ainda, **pública** quanto à sua destinação, isto é, destina-se igualmente a toda a sociedade, sem exceções, sem distinções.

A partir desses pressupostos, estabelecemos o primeiro parâmetro para a escolha democrática de dirigentes escolares. Nesse sentido, a **forma de escolha** do diretor deve prever a sua nomeação pela autoridade competente a partir de chapas constituídas e eleitas. Os candidatos a Diretor e a Vice-Diretor serão escolhidos pelos membros da comunidade escolar mediante processo que verifique competência profissional e liderança.

O processo de escolha pode obedecer às seguintes etapas:

a) Verificação da elegibilidade

Numa administração democrática, devem ser negociados os critérios de elegibilidade, isto é, as condições prévias básicas para se candidatar aos cargos de direção das unidades escolares. É "democratismo" estender a possibilidade de candidaturas a qualquer pessoa, uma vez que, ao lado da liderança, a função exige qualificação profissional específica e experiência no setor educacional. Assim, no ato da inscrição dos candidatos, deve-se verificar se eles atendem às exigências, por exemplo, de desempenho por um período de tempo mínimo no serviço público e formação escolar específica exigida para o desempenho do cargo.

b) Processo seletivo prévio

Pelas razões apontadas no item anterior, o processo de escolha democrática dos dirigentes escolares pode ser aperfeiçoado pela introdução de um processo seletivo prévio às eleições, no qual se verifique a competência profissional dos candidatos, de acordo com as diretrizes definidas, coletiva e democraticamente. Todos os segmentos educacionais, após definição dos critérios e graus de exigências, deverão ter representação nas comissões eleitorais que, com instrumentos próprios à aferição daquelas exigências, selecionarão os candidatos que se submeterão ao processo eleitoral.

c) Eleição

Os candidatos aprovados na etapa anterior submeter-se-ão ao processo de **verificação de liderança**, apresentando e defendendo publicamente seus programas de trabalho, de acordo com as normas previstas. Após tal defesa, seguir-se-á a eleição através de voto direto, secreto e facultativo, em chapa formada por candidatos a diretor e vice-diretor, de forma a garantir a participação de todos os membros da comunidade escolar, respeitada a paridade de votos dos diversos segmentos que a compõem e a legislação em vigor.

Um segundo parâmetro se refere às **Comissões Eleitorais**. Elas devem ser criadas nas unidades de ensino para planejar, organizar, fiscalizar, acompanhar o processo de votação e de apuração dos votos e zelar pela lisura do processo eleitoral. Nesse sentido, tais comissões deverão coibir qualquer processo eleitoral "viciado" ou ações que possam partidarizar as eleições na escola.

A Comissão de cada escola deve ser composta, paritariamente, por representantes de todos os segmentos escolares, a serem indicados em assembleias de seus pares. Essa comissão deverá atuar em consonância com a legislação em vigor, bem como com as normas fixadas para o pleito pelas Secretarias Estaduais ou Municipais de Educação e respectivos Conselhos de Educação, devidamente adaptadas às condições específicas de cada unidade escolar. Deverão ser constituídas, dependendo da resolução de cada localidade, Comissões Eleitorais regionais, municipais e estaduais, que terão funções normativa e fiscalizadora.

Um terceiro parâmetro se refere aos **Candidatos** e às **Inscrições**. Podem ser aceitas inscrições de chapas com candidatos a diretor e a vice-diretor, de acordo com as normas e prazos fixados pela Comissão Eleitoral local, ou através de instrumentos legais do poder executivo. Poderão candidatar-se os professores e especialistas em educação desde que, na data da convocação da eleição, preencham os critérios de elegibilidade acordados. Muitos sistemas que já realizam eleições para as direções escolares exigem um interstício no sistema ou na unidade escolar em que se candidatam os pretendentes ao cargo. Tal dispositivo, embora objetive maior entrosamento com a comunidade intra e extraescolar específica, dificulta, muitas vezes, na prática, o preenchimento de cargos em determinadas escolas, cujos profissionais não preenchem os critérios de elegibilidade nem passam no processo seletivo prévio. Face a essa realidade, sem abrir mão da democracia na escolha de dirigentes, a inteligência do processo exige maior flexibilidade, e não rigidez, nos critérios. O modelo de estrutura administrativa é que deve determinar os processos de escolha dos dirigentes da instituição escolar, desde que se garanta a participação de todos os segmentos da comunidade na sua gestão. Aliás, Vitor Henrique Paro, que estudou exaustivamente os modelos de escolha de dirigentes escolares, propõe nas "conclusões de sua obra (*Eleição de diretores: escola pública experimenta a democracia*. Campinas: Papirus, 1996, p. 127 e segs.)", não apenas um diretor, mas um "Conselho Diretivo", cujos componentes se encarregariam da coordenação dos diversos setores da gestão: pedagógico, comunitário, financeiro etc. Deve-se evitar a candidatura simultânea de uma mesma pessoa em dois estabelecimentos de ensino.

O quarto parâmetro que apresentamos diz respeito aos **Eleitores**. Para que o processo eletivo seja plenamente democrático e para que se constitua num exercício pleno de cidadania, defendemos a garantia do voto a todos os servidores em exercício no estabelecimento de ensino e aos alunos regularmente matriculados. Aqui se levanta a questão da idade dos alunos eleitores. Cada comunidade escolar, juntamente com a comunidade de seu entorno, deve definir a idade mínima para participação no processo eleitoral, firmando-se acordos explícitos. Tal iniciativa é fundamental para se evitar os dissabores de anulação de pleitos, com base na ilegalidade dos votos. Votam também os pais, as mães de alunos, ou os representantes legais dos alunos regularmente matriculados, que estejam abaixo do limite mínimo de idade estabelecido. Há exemplo de processos eleitorais em sistemas escolares que admitem o exercício do voto por representantes de segmentos que não os mencionados anteriormente. É o caso da rede municipal de Juiz de Fora (MG), que admite como eleitores pessoas que não se incluem entre os profissionais da escola, nem entre os alunos e pais ou responsáveis por alunos matriculados, mas que têm ligações com a comunidade escolar, como as lideranças do bairro que muito contribuem para a manutenção e o desenvolvimento da escola. Para que não haja manipulação neste processo, as comissões eleitorais credenciam os eleitores, que se enquadram nos critérios fixados pelas comissões eleitorais, com uma espécie de título de eleitor escolar.

Quanto ao parâmetro da **divulgação durante o processo eleitoral**, ficaria garantida aos candidatos a realização de campanha e de propaganda eleitoral nas dependências da unidade escolar. Tal divulgação consiste na defesa pública dos Programas de Trabalho junto à comunidade, na promoção de discussões e debates com a mesma e na divulgação de material que torne plenamente conhecidas as propostas de gestão das chapas. Ainda na rede municipal de Juiz de Fora, os candidatos são dispensados um mês antes do pleito de suas atividades profissionais, para se dedicar à campanha.

Para tanto, as Comissões Eleitorais deverão fixar prazos e normas que garantam a manutenção dos princípios éticos durante a campanha, que respeitem o pleno desenvolvimento das aulas durante o período em que a propaganda estiver sendo feita e garantam a discussão política, impugnando as candidaturas que promoverem a "partidarização" das eleições dos dirigentes escolares, segundo critérios previamente estabelecidos, previstos e divulgados antes do período de inscrição das chapas.

Encerrada a campanha, os segmentos escolares credenciados escolherão, pelo voto direto, secreto e facultativo, os seus candidatos.

Será considerada eleita a chapa que obtiver maioria absoluta dos votos válidos (cinquenta por cento mais um). Se nenhuma chapa alcançar tal número de votos, aconselha-se a realização de um segundo turno, envolvendo as duas chapas mais votadas. No segundo turno, será eleita a chapa que obtiver maioria simples de votos válidos.

Um sexto e último parâmetro que ora apresentamos diz respeito à **duração do mandato** do diretor e de seu vice. Ela deverá adequar-se às especificidades locais da comunidade escolar. Verificamos, em recente pesquisa, a predominância do mandato de diretores com a duração de 2 (dois) ou 3 (três) anos, com o direito a uma reeleição consecutiva. No caso de esta ocorrer por mais uma gestão de igual período, observamos aspectos positivos e negativos. Considerando que um projeto político-pedagógico deva contemplar propostas e avanços de curto, médio e longo prazos, entendemos que a opção da reeleição consecutiva por mais uma gestão de igual período garante a possibilidade da continuidade de um trabalho que tenha sido aprovado pela comunidade escolar. Por outro lado, a não reeleição consecutiva garante uma renovação constante dos dirigentes escolares; o que é bom, na medida em que impede a continuidade de um diretor que não esteja cumprindo um programa de trabalho em consonância com o projeto político-pedagógico da escola. De qualquer forma, a possibilidade da reeleição não garante para o diretor a continuidade, uma vez que, mesmo podendo disputá-la, ele estará sujeito ao crivo dos votos.

Sugerimos que as questões relacionadas ao tempo do mandato do diretor, ao número de reeleições e à destituição do cargo sejam previstas em normas a serem definidas democraticamente em cada um dos sistemas de ensino em que for implantada a escolha democrática de dirigentes escolares.

A definição dos parâmetros acima encontra uma série de limites que só poderão ser superados na ação concreta e no contexto em que o processo eleitoral acontecer. Outras situações também ficam em aberto, pois dependem de uma ampla discussão e da consulta a ser realizada na comunidade escolar. No geral, elas se referem à definição da idade mínima do voto do aluno, à proporcionalidade na apuração dos votos, à importância que deve ser atribuída à prova escrita como pré-requisito para a seleção dos candidatos, à questão de como superar o veto governamental em relação à eleição direta de dirigentes escolares, entre outras.

Entendemos que a discussão em torno desses parâmetros e de outras questões relativas aos temas aqui tratados já é, por si mesma, um processo educativo que possibilita aprendizagens cidadãs e colabora para a determinação dos seguintes pressupostos da gestão democrática:

a) Capacitação de todos os segmentos escolares

Quanto mais se exercita a discussão coletiva das questões referentes à própria gestão da escola, mais se capacitam seus diversos segmentos para a busca de respostas à prática educativa como um todo.

b) Consulta à comunidade escolar

As permanentes consultas à comunidade escolar a respeito do processo eleitoral cientifica-a dos instrumentos, meios e operações governamentais, abrindo espaço para uma espécie de "treinamento" comunitário nas coisas públicas, que é também tarefa da escola: preparar a população para a socialização do poder. Desta forma, estar-se-á desenvolvendo a cultura da participação, da ação, do envolvimento e da socialização das responsabilidades educacionais.

c) Institucionalização da gestão democrática

A participação comunitária não pode ser mera legitimação de decisões previamente tomadas pelos governantes, ou será uma máscara da democracia. Porém, se encarada como verdadeira socialização do processo decisório, garante legitimidade, consistência e relevância social nos planos, programas e projetos governamentais.

d) Lisura na definição da gestão

Para que se garanta total transparência na escolha democrática dos dirigentes escolares, na implantação dos Conselhos de Escola e na gestão, no sentido da autonomia escolar, todos os cuidados devem ser tomados pelas instituições e pessoas envolvidas nesse processo. Há nas escolas forças democráticas e conservadoras e, muitas vezes, sob processos aparentemente legítimos, desenvolvem-se ações que não contribuem para a construção da Escola Cidadã. Além disso, é preciso tomar cuidado com os representantes de segmentos que tradicionalmente, por sua posição na correlação de forças intelectuais, financeiras ou políticas acabam por silenciar os de outros segmentos situados em posição desvantajosa.

e) Agilidade nas informações e transparência nas negociações

A democratização implica acesso de todos à informação. E ela não é necessária somente no início do processo administrativo, mas durante todo o movimento de interação entre Estado e cidadãos usuários dos serviços públicos. Nesse sentido, a falta de canais de **disseminação das informações**, por parte das administrações, para todas as esferas da estrutura administrativa e para todos os segmentos da sociedade, tem se manifestado como um sério entrave para a participação. Dessa forma, faz-se necessária a criação desses canais: jornais, murais, painéis, boletins, encontros etc.

Definidos alguns parâmetros da escolha democrática de dirigentes escolares e alguns pressupostos da gestão democrática da escola, é importante, ainda, para atingirmos os fins aos quais nos propusemos no início desta discussão, uma breve análise sobre a função do diretor, enquanto articulador da gestão democrática na instituição escolar.

O diretor de escola é, antes de tudo, um educador. Enquanto tal, possui uma função primordialmente pedagógica e social, que lhe exige o desenvolvimento de competência técnica, política e pedagógica. Em sua gestão, deve ser um articulador dos diferentes segmentos escolares em torno do projeto político-pedagógico da escola. Quanto maior for essa articulação, melhor poderão ser desempenhadas as suas próprias tarefas, seja no aspecto organizacional da escola, seja em relação à responsabilidade social daquela com sua comunidade.

Portanto, o diretor-articulador deve exercer sempre uma liderança na escola, mas uma liderança democrática, que seja capaz de dividir o poder de decisão sobre os assuntos escolares com professores, funcionários, pais de alunos, alunos e comunidade escolar, criando e estimulando a participação de todos nas instâncias próprias da unidade que dirige, como, por exemplo, no Conselho de Escola, nas Associações de Alunos etc. Isso não significa abrir mão de responsabilidades ou das funções inerentes ao seu cargo, entre as quais podemos citar a função educativa, a função de mobilizador da equipe docente, a função de liderança eficaz, a função da gestão administrativa, entre outras, conforme as palavras de Mariano Herrera (In: Colóquio: la dirección de la escuela, 1996, p. 175-6).

O professor estará participando de todo esse processo e, ao lado do diretor, poderá interferir e influenciar na gestão da unidade escolar. A partir dessa práxis, poderá melhorar a qualidade do seu próprio trabalho docente, uma vez que estará conhecendo melhor o espaço escolar, seu funcionamento e as pessoas com as quais trabalha e convive.

8

FINANCIAMENTO DA ESCOLA CIDADÃ E CÁLCULO DE CUSTO-ALUNO-ANO

José Eustáquio Romão

O tema do financiamento da Escola Cidadã e Cálculo Custo-Aluno-Ano, que se reporta aos temas da descentralização e da municipalização da educação básica e às implicações decorrentes do novo "pacote" legal referente à educação: Emenda Constitucional n. 14, de 15 de setembro de 1996, Lei n. 9.394, de 20 de dezembro de 1996, Lei n. 9.424, de 24 de dezembro de 1996 e Decreto n. 2.264, de 27 de junho de 1997, será objeto de um volume específico da série "Guia da Escola Cidadã". Por isso, será tratado aqui apenas em parte, ficando a análise de seus princípios e fundamentos sociopolíticos e pedagógicos para aquele volume. Por outro lado, o Instituto Paulo Freire, a convite do Conselho Nacional de Secretários de Educação (CONSED), acaba de desenvolver uma **metodologia de cálculo do custo-aluno-ano** que, transformada em *software*, tornou-se uma importante ferramenta do planejamento da educação, seja no nível dos Estados e Municípios, seja no nível das unidades escolares.

Salvo raras exceções, a maioria dos administradores de sistemas educacionais e educadores quase sempre desprezaram este tema, deixando-o aos economistas, contadores e pessoal ligado às finanças, esquecendo-se de que a falta de controle dos meios educacionais pelos próprios educadores tem sido uma das principais razões do descumprimento dos mínimos vinculados. Conta-se nos dedos das mãos o número de educadores e de publicações dedicados ao tema.

Mais e mais se impõe o controle social sobre a distribuição e alocação dos recursos públicos para a função ensino no Brasil, porque as conquistas legais de instrumentos potencializadores não são suficientes para a garantia de seu provimento, dadas as "químicas" que quase sempre formatam os balanços e as prestações de contas.

A atual LDB abriu espaços e instrumentos legais de afirmação da centralidade da unidade escolar nos sistemas educacionais porque, além da incumbência de "elaborar e executar sua proposta pedagógica" (art. 12, I), compete-lhe também "administrar seu pessoal e seus recursos materiais e financeiros" (art. 12, II). Assim, a escola precisa se planejar do ponto de vista administrativo e financeiro, para que possa exigir os recursos necessários ao desempenho de suas funções. E para que não haja dúvidas quanto a essa autonomia potencializada, o Projeto da Escola Cidadã tem como premissa básica, no caso das escolas públicas, seu **caráter estatal quanto ao financiamento.**

Este capítulo, ainda que em determinados momentos enverede por temas extraescolares, pretende ser uma contribuição ao planejamento escolar, oferecendo um dos mais fortes instrumentos de poder: a visibilidade dos recursos e a possibilidade de instrumentalização dos usuários e profissionais dos sistemas educacionais para a intervenção na sua gestão.

Várias razões têm pressionado o desenvolvimento de estudos sobre os dispêndios educacionais no Brasil:

a) crescente necessidade de racionalização da distribuição e alocação de recursos públicos;

b) busca de otimização do custo-benefício dos serviços prestados pelos sistemas educacionais;

c) necessidade do desenvolvimento de instrumentos de avaliação de desempenho dos sistemas, para responder às crescentes demandas por qualidade dos serviços educativos prestados pelos sistemas públicos de ensino.

No entanto, por seu caráter relativamente recente, tais análises não contam ainda com padrões e critérios cientificamente consolidados, dificultando os consensos quanto aos componentes de custo.

Um exemplo pode ser buscado no interstício entre a promulgação de nossa última Carta Magna e a sanção da Lei de Diretrizes e Bases. Embora a comunidade educacional brasileira, no processo constituinte, tenha conseguido vencer o argumento de que "não é de boa técnica jurídica vincular recursos orçamentários a qualquer setor ou função da administração pública", preservando a vinculação mínima da receita resultante de impostos para a manutenção e desenvolvimento do ensino — 18% da União e 25% dos Estados, do Distrito Federal e dos Municípios — a Constituição de 1988 não esclareceu que despesas deveriam ser incluídas neste item. Somente oito anos após, depois de muita luta, com a LDB (Lei n. 9.394/96), desapareceram as dúvidas que pairavam sobre as despesas específicas do setor educacional. Este diploma explicitou as despesas cabíveis (art. 70) e as não cabíveis (art. 71). Curiosamente, nos incisos deste último artigo, figuram despesas que, à falta de uma norma regulamentadora, vinham, corriqueiramente, sendo debitadas na conta da educação. Em suma, do ponto de vista legal, a LDB colocou um ponto final nas dúvidas que, por quase uma década, geraram problemas entre os administradores públicos e os tribunais de contas. No entanto, infelizmente, tais determinações legais também não são suficientes para a garantia dos recursos financeiros necessários à manutenção e desenvolvimento do ensino, como prescreve o artigo 212 da Constituição Federal. É necessária a atenção redobrada dos educadores e da sociedade civil organizada, para que novas "químicas" não sejam processadas nos laboratórios da desfaçatez orçamentário-financeira pública.

Também, constitucionalmente, não estavam definidas, com clareza, as responsabilidades e atribuições das diversas esferas de Governo quanto à educação escolarizada. A LDB, de novo, vem em socorro dessa indefinição, explicitando as atuações prioritárias e suplementares respectivas (artigos 9º a 11), chegando até mesmo ao nível escolar e docente (artigos 12 e 13). Portanto, embora a Constituição de 1988 tivesse avançado de modo significativo quanto ao **financiamento do ensino**, permaneceram ainda várias dúvidas sobre o tema, não só por causa do caráter obrigatoriamente genérico de seus dispositivos, como também por causa de algumas práticas ambíguas de execução orçamentária que, quase sempre, debitaram na conta da educação despesas, no mínimo, discutíveis. A esse respeito, dentre as principais indagações que ocorreram entre a promulgação da Carta Magna e a sanção da nova Lei de Diretrizes e Bases (LDB), sobressaíam as que se referiam a:

1ª) indefinição quanto aos componentes de custos a serem cobertos com os recursos vinculados obrigatoriamente à "manutenção e desenvolvimento do ensino";

2ª) comportamentos diferenciados, tanto dos órgãos gestores quanto dos tribunais de contas, relativamente ao que cabia ou não ser financiado com os recursos vinculados ou subvinculados;[1]

3ª) ausência de legislação complementar e ordinária relativa ao detalhamento do financiamento da educação e aos critérios que deveriam presidir a função redistributiva da União, dos Estados e dos Municípios.

A maioria dessas ambiguidades só foi superada com a sanção do conjunto de leis já mencionado anteriormente.

Este aparato legal criou um novo cenário para a relação entre usuários e prestadores de serviços, no qual, estes últimos, ou se armam de dados precisos a respeito do financiamento dos diversos graus de ensino e seus respectivos componentes de custos, ou estarão à mercê de constantes ações judiciais que, no mínimo, lhes imputam responsabilidade criminal (art. 5º, § 4º, da Lei n. 9.394) e, no máximo, determinam intervenção na respectiva esfera governamental (art. 11 da Lei n. 9.424). Para sermos mais precisos:

1. Lembrar que, além da vinculação do artigo 212, o artigo 60 do Ato das Disposições Constitucionais Transitórias estabelecia a subvinculação relativa à superação ("erradicação", no texto legal) do analfabetismo e universalização do ensino fundamental.

I — O artigo 5º da LDB prevê que "o ensino fundamental é direito público subjetivo, podendo qualquer cidadão, grupo de cidadãos, associação comunitária, organização sindical, entidade de classe ou outra legalmente constituída, e, ainda, o Ministério Público, acionar o Poder Público para exigi-lo". Seus parágrafos 3º e 4º são ainda mais incisivos, ao preverem ações gratuitas e de rito sumário, cujo resultado positivo implica crime de responsabilidade.

II — Mais do que nunca, é necessário dispor de "ferramenta" que possibilite não só o cálculo do "valor anual por aluno", como também do custo da remuneração dos "profissionais do magistério em efetivo exercício", dado o que dispõem os artigos 6º e 7º, com seus respectivos parágrafos, da Lei n. 9.424.

III — Tanto a LDB quanto a "Lei do Fundo" insistem no caráter redistributivo das diversas instâncias de Governo, em relação às unidades constitutivas de seu âmbito de ação. Ora, não é possível cumprir bem tal prerrogativa, se não se dispõe de um instrumento de cálculo refinado dos diversos componentes de custo da atividade educacional.

Atente-se para o fato de que a atuação da União neste particular estará condicionada à "equalização de oportunidades educacionais" e ao "padrão mínimo de qualidade do ensino" (EC n. 14, art. 3º, art. 211, § 1º) — este a ser, certamente, explicitado, mediante parâmetros curriculares básicos e processos de avaliação externa.

IV — Cabe destacar que significativo avanço foi conseguido com o artigo 4º da EC n. 14 (art. 212, § 5º) que destina o montante da contribuição do salário-educação exclusivamente às escolas públicas de ensino fundamental. O texto original da Constituição potencializava frestas à fraude e à evasão fiscal,[2] ao admitir a possibilidade de dedução,

---

2. Como destacava texto do próprio MEC, no documento *Plano de Desenvolvimento do Ensino e de Valorização do Magistério* (Brasília: MEC, 12 de setembro de 1995, p. 16, cit. pelo Deputado Ivan Valente, em projeto de alteração da PEC 233), a necessidade de se eliminar do texto constitucional a possibilidade de dedução pelas empresas: "Se por um lado, essa alternativa tem permitido que empresas sérias desenvolvam experiências inovadoras no campo da educação fundamental, por outro, tem ensejado uma quantidade muito grande de fraudes, contribuindo para um processo crescente de evasão de divisas *(sic)*." Trata-se, neste último termo, evidentemente, de

pelas empresas, da "aplicação realizada no ensino fundamental de seus empregados e dependentes".

V — Finalmente, a EC n. 14 e a Lei n. 9.424 introduzem uma série de modificações no artigo 60 do Ato das Disposições Constitucionais Transitórias (ADCT), com profundas implicações no financiamento do Sistema de Ensino em geral, e do Ensino Fundamental em particular. Sobre elas cabem os registros e comentários que se seguem.

1º) Os Estados, o Distrito Federal e os Municípios passam a ter uma subvinculação de 60% (sessenta por cento) de seus recursos vinculados à manutenção e desenvolvimento do ensino fundamental, durante dez anos, a partir da promulgação da EC n. 14 (art. 5º, que modifica o art. 60, do ADCT).

Ainda que dirima a dúvida sobre a subvinculação datada original[3] e prorrogue seu prazo de vigência — no texto original a subvinculação encerrar-se-ia no próximo ano — a EC n. 14 diminui a responsabilidade da União com o ensino fundamental, consagrando a praxe do MEC, dos últimos anos, de destinar em torno de 70% (setenta por cento) de seus recursos orçamentários ao ensino superior.

2º) O § 1º aditado ao artigo 60 do ADCT estabelece a criação do Fundo de Manutenção e Desenvolvimento do Ensino, de natureza contábil, nos Estados e no Distrito Federal, a ser constituído de, no mínimo, 15% (quinze por cento) dos recursos oriundos de:

a) adicional de até cinco por cento que os Estados e o Distrito Federal cobram de pessoas físicas e jurídicas domiciliadas em seus

---

um equívoco do texto ministerial, pois a resultante das fraudes seria evasão fiscal, e não, de "divisas".

3. Duas interpretações disputavam o entendimento da subvinculação de 50% (cinquenta por cento) "dos recursos a que se refere o artigo 212 da Constituição, para eliminar o analfabetismo e universalizar o ensino fundamental": a primeira, mais coerente com o espírito do legislador, defendia a subvinculação distintiva (por esfera de Governo) e a segunda optava pela subvinculação sobre o montante que resultasse da soma das vinculações nas três instâncias governamentais. A primeira tinha tanta razão, que a disposição de não subvincular também 50% (cinquenta por cento) dos recursos vinculados da União — expresso na segunda interpretação — ganha legalidade no § 6º que a emenda acrescentou ao retromencionado artigo 60, reduzindo a responsabilidade desta última esfera a apenas 30% (trinta por cento) "na erradicação do analfabetismo e na manutenção e desenvolvimento do ensino fundamental".

respectivos territórios (art. 155, II), em relação aos impostos cobrados pela União sobre renda e proventos de qualquer natureza (art. 153, III);

b) recursos pertencentes aos Municípios e resultantes dos "vinte e cinco por cento do produto da arrecadação do Estado sobre operações relativas à circulação de mercadorias e sobre prestações de serviços de transporte interestadual e intermunicipal e de comunicação" (art. 158, IV);

c) Fundos de Participação dos Estados e dos Municípios e dos do IPI entregues pela União aos Estados e ao Distrito Federal, "proporcionalmente ao valor das respectivas exportações de produtos industrializados" (art. 159, I, "a" e "b", e II).

Na verdade, os fundos estaduais e distrital serão alimentados com recursos das próprias unidades da Federação, cabendo à União apenas a função redistributiva e supletiva. Em outros termos, o Governo Federal decidirá sobre a redistribuição da redistribuição — é presumível que a estrutura fiscal existente, de acordo com o que estabelece a Constituição, proporcione uma adequada redistribuição dos tributos arrecadados. Supletivamente, o Governo Federal atuará, quando "em cada Estado e no Distrito Federal, seu valor não alcançar o mínimo definido nacionalmente" (EC n. 14, art. 5º, § 3º, que alteraram o ADCT, art. 60, § 3º).

3º) As três esferas de Governo têm um prazo de cinco anos para ajustarem suas contribuições ao Fundo.

Há aí uma relativa contradição, pois a mencionada subvinculação datada pode ser prejudicada no seu prazo de vigência. Além disso, se a atuação da União é apenas supletiva no tocante aos recursos necessários, seus ajustes deverão ser periódicos, pois resultarão de condições conjunturais adversas de unidades da Federação que não conseguirem "alcançar o mínimo definido nacionalmente".

4º) Há um significativo avanço no § 5º do artigo 5º, que determina não menos que 60% (sessenta por cento) dos recursos do Fundo para o "pagamento dos professores do ensino fundamental em efetivo exercício no magistério". Aqui também notamos uma contradição entre a Emenda Constitucional e a lei que a regulamentou (n. 9.424/96), porque se nela, esses recursos subvinculados destinam-se à remuneração dos **professores**, naquela são os "**profissionais do magistério** (ambos os destaques são nossos), em efetivo exercício de suas atividades no ensino fundamental público" (art. 7º), que deverão ser o universo a ser coberto, salarialmente, por eles.

5º) Fechando os dispositivos substantivos da EC n. 14, o § 7º prevê a formulação de lei complementar que regulamentará a estrutura e o funcionamento do Fundo, "bem como sobre a **forma de cálculo do valor mínimo nacional por aluno**" (destaque nosso). A lei regulamentadora (n. 9.424/96) estabeleceu, nos três níveis de Governo, a constituição dos conselhos de "acompanhamento e controle social sobre a repartição, a transferência e a aplicação dos recursos do Fundo" (art. 4º), determinando, para a primeira, "a diferenciação de custo por aluno, segundo os níveis de ensino e tipos de estabelecimento" (art. 2º, § 2º). Neste aspecto, cumpre lembrar que o Presidente da República vetou o inciso II do § 1º, que previa o financiamento da educação de jovens e adultos também com os recursos do Fundo. Ora, como este se destina ao financiamento do ensino fundamental e este grau é "obrigatório e gratuito, assegurada, inclusive, sua oferta gratuita para todos os que a ele não tiveram acesso na idade própria" (art. 208, I, da Constituição Federal), entendemos que o veto é inconstitucional.

A maioria dos estudos existentes sobre componentes de custo nos sistemas educacionais importou conceitos e metodologias do sistema produtivo, onde os fenômenos permitem maior precisão e onde os objetivos, por força de sua natureza, exigiram, de longa data, um esforço científico maior, propiciando a acumulação de vasta experiência no setor. Como o fenômeno educacional é de natureza diversa e seus processos são bem mais complexos, a mera transposição de conceitos e procedimentos de um campo a outro pode gerar distorções extremamente prejudiciais ao Sistema Educacional. Assim, há que se caminhar com cuidado, com flexibilidade e atento às contribuições de outros estudos e aos apontamentos da própria experiência educacional.

Por outro lado, há uma extrema precariedade de dados e informações sobre o financiamento da educação cujas razões não cabe aqui analisar. No entanto, por mais precários que sejam, é fundamental recuperar os que existem e, mesmo sem a sofisticação dos métodos utilizados no setor produtivo, registrá-los, tabulá-los e analisá-los, com vistas à racionalização na distribuição dos recursos disponíveis para o setor e à sua otimização relativamente aos impactos de cobertura e qualidade do ensino. O que não se justifica mais nos dias de hoje é a despreocupação com o adequado gerenciamento dos serviços educacionais públicos, sob o álibi de que a racionalidade administrativa é uma preocupação exclusiva dos gestores de instituições lucrativas. Afinal, é o dinheiro do contribuinte que se escoa pelo ralo da irracionalidade e irresponsabilidade pública, não lhe retornando em serviços de qualidade.

Considerado na sua globalidade, o custo educacional aciona o esforço de vários agentes financiadores, dentre os quais se destacam, no caso das escolas públicas, o Estado e as famílias.

Para os propósitos da metodologia de cálculo formulada pelo Instituto Paulo Freire, em que pese a importância da contribuição das famílias, tanto para a manutenção e desenvolvimento do ensino, quanto para o conhecimento científico dos custos educacionais, ela não foi considerada. O estudo limitou-se, portanto, às despesas efetuadas pelo poder público para o provimento do ensino fundamental. Além disso, seria extremamente complexo e difícil o rastreamento do esforço financeiro realizado por outras unidades administrativas do setor público, limitando-se também o trabalho aos gastos efetuados pelas unidades específicas do setor educacional (secretarias estaduais, secretarias municipais ou congêneres, no âmbito dos municípios, e escolas).

Cabe lembrar que as informações, a serem coletadas para alimentar o banco de dados do programa eletrônico, deverão ser extraídas dos balanços e prestações de contas, e não dos orçamentos, dado que estes, embora resultem de determinações legais relativamente limitadoras da flexibilidade, sofrem alterações no decorrer de seus respectivos exercícios, por força de injunções conjunturais, não espelhando, consequentemente, na sua versão original, o que realmente acontece posteriormente na realização financeira.

Considerando que o aluno enriquecido em seus conhecimentos, habilidades e posturas é o "produto" dos serviços educativos, em função dos quais se realizam as despesas, ele é tomado como unidade básica da metodologia de cálculo. E como o exercício público é anual, a unidade de tempo considerada foi o exercício anual.

Convém lembrar que cada aluno, durante um ano, pode representar percentuais diferentes nos diversos componentes de custos educacionais, de acordo com a série que esteja cursando. Da mesma forma, tais percentuais podem variar, conforme se considere a unidade gestora, mais ou menos ampla. Em outros termos, um aluno pode significar x% dos custos correspondentes às despesas correntes de uma escola e y% dos custos de uma secretaria, nas mesmas despesas. É que, os custos administrativos das unidades gestoras devem ser rateados entre os alunos por elas atendidos e estes custos variam de acordo com as dimensões desses órgãos.

Para facilitar a metodologia, os gastos administrativos dos órgãos gestores centrais não foram ponderados de acordo com o menor ou maior esforço endereçado às diferentes unidades escolares, mas rateados na média da totalidade dos alunos da respectiva rede, abstraindo-se o segmento de grau que estejam frequentando. Da mesma forma, as despesas administrativas das unidades escolares serão rateadas, na média, com os alunos nelas matriculados.

No sistema educacional encontram-se três grandes grupos de despesas: as educacionais propriamente ditas, as sociais e as de gestão. E, em todos eles, encontramos dois tipos básicos de despesa: capital e corrente.

As primeiras são as que se referem aos gastos com materiais e insumos que incidem diretamente sobre os atos pedagógicos. As segundas são as relativas aos programas de apoio ao estudante, do tipo alimentação, atendimento à saúde do educando, transporte escolar etc.

As últimas dizem respeito à manutenção e desenvolvimento dos órgãos gestores, desde as secretarias estaduais até as escolas.

As **despesas de capital** são as efetuadas com bens duráveis, isto é, bens cujo desgaste não é imediato mas se dá num tempo relativamente longo. São também chamados bens de capital. No caso dos sistemas educacionais, eles se decompõem em terrenos, edificações e equipamentos. Estes bens levam mais de um ano para se desgastarem, o que nos obrigará a calcular o custo de seu desgaste em um exercício anual. Assim, temos de desdobrar seu custo em três componentes:

a) depreciação;

b) manutenção;

c) custo de oportunidade.

Iniciemos pelo último, pela razão de que ele foi desprezado na metodologia de cálculo elaborada. De fato, não faz sentido considerá-lo neste caso, porque o *custo de oportunidade* consiste no que se deixa de ganhar ou economizar, quando se deixa de investir os recursos em determinado empreendimento mais vantajoso. No caso do sistema educacional, tomemos o exemplo da aquisição de um terreno para a construção de uma escola. Se, pela premência da demanda, deixamos de pesquisar o mercado imobiliário para realizar uma compra mais em conta, que nos renderia 20% de economia ao ano, em relação ao investimento feito, podemos dizer que o custo de oportunidade seria de 20%.

Cabe acrescentar que, além de sua dificuldade e inadequação para o cálculo de custos educacionais, o custo de oportunidade é o conceito da teoria econômica clássica, extremamente discutível, pois atribui ao capital a capacidade de geração de valor. Custos alternativos são hipotéticos e, mesmo numa economia de mercado, somente o trabalho humano é capaz de produzir valor. Finalmente, mesmo que se queira considerar, no processo de tomada de decisões sobre alternativas mais otimizadoras dos recursos educacionais, não tem sentido, no nosso modo de ver, ficar levantando e calculando custos de oportunidade, como o fazem os agentes econômicos privados.

A depreciação refere-se ao desgaste de um bem durável, tornando-o impróprio para o uso ou obsoleto. Num certo sentido, podemos falar de depreciação absoluta, resultante do desgaste efetivo provocado pelo uso contínuo de um bem, e de depreciação relativa, quando ocorre uma obsolescência provocada pela reconversão tecnológica. Calcula-se a depreciação anual de um bem pela razão entre seu valor total e o número de anos que esteve em uso. O custo de depreciação anual deste bem, no caso, seria a proporção de seu valor equivalente a um ano.

As despesas de manutenção são aquelas que agregam prolongamento da vida útil de um bem de capital, para mantê-lo em estado de uso adequado. Elas recompõem valor perdido no uso pelo bem durável, reagregando-lhe valor, devendo, por isso, serem computadas nas despesas de capital.

Os terrenos, por razões óbvias, não apresentam custos de depreciação, salvo em raras exceções, quando área mal escolhida apresenta problemas de contenção, chegando, até mesmo, a condenar as edificações ali colocadas, após um determinado período de uso. De uma maneira geral, os terrenos têm vida útil infinita e, na metodologia elaborada, esses custos não foram levados em conta. Também não foram consideradas as despesas com sua manutenção, porque também, salvo em casos excepcionais, como no exemplo citado, não procede a preocupação com esses cálculos.

Já os equipamentos devem ter seus custos de depreciação e de manutenção considerados, pois eles têm uma vida útil razoavelmente calculável e necessitam de manutenção para o prolongamento de vida útil e, eventualmente, para sua atualização.

Considerando os três grandes conjuntos de custos, é de todo conveniente considerar os equipamentos desagregados em dois grupos:

a) equipamentos em geral — móveis, utensílios e aparelhos de uso geral; e

b) equipamentos pedagógicos — móveis escolares (da sala de aula) e aparelhos utilizados diretamente no processo ensino-aprendizagem (equipamentos didáticos de salas de aula, de laboratórios e oficinas).

As despesas correntes são aquelas que ocorrem na aquisição de serviços e bens não duráveis. Elas devem ser desagregadas em custos de pessoal e custos com material de consumo.

A maior parte dos custos educacionais se referem aos gastos com **pessoal**. Lembramos que, inclusive, a partir da vigência da EC n. 14, 60% (sessenta por cento) dos recursos do Fundo de Manutenção e Desenvolvimento do Ensino Fundamental e de Valorização do Magistério serão destinados ao pagamento de professores em efetivo exercício nesse grau, o que significa dizer que um percentual maior para a cobertura total da folha de pagamentos dos trabalhadores do ensino fundamental será necessário. De todas as despesas, esta é a mais facilmente identificável, pois pode-se levantar até mesmo as séries e as turmas em que um professor leciona.

Por suas peculiaridades em termos de custos, talvez seja interessante desagregar os gastos com professores do primeiro e do segundo segmentos do 1º grau. É bem verdade que esta desagregação oferece uma dificuldade adicional, quando o professor leciona em mais de um segmento simultaneamente. Porém, a título de simplificação, pode-se considerar metade dos custos desse professor para cada um dos níveis em que atua, ou ponderar sua atuação, de acordo com os níveis salariais pagos — infelizmente, ainda se vincula, no Brasil, os níveis salariais ao grau de atuação, e não, aos ganhos em carreira.

Além do **pessoal docente**, há que se considerar o **pessoal técnico** e o **pessoal administrativo**. O pessoal técnico é constituído pelos profissionais em funções de coordenação pedagógica ou congêneres, não diretamente envolvido no ministério de aulas. Em pessoal administrativo devem ser incluídos todos os profissionais da escola em funções burocráticas ou em serviços de apoio.

Devem ser considerados ainda os profissionais afastados por licença de saúde, cada um no seu respectivo grupo de pessoal (docente, técnico e administrativo). O pessoal eventualmente cedido a outros setores da administração pública não deve entrar no custo aluno, mesmo que estejam recebendo na folha da educação. O cálculo dos dispêndios com eles pode ser feito em separado, para efeito de providências, no nosso modo de ver, necessárias à sua desvinculação do setor educacional.

Os dispêndios com pessoal inclui, além dos vencimentos, remunerações ou salários, os encargos sociais, tais como planos de seguridade social, contribuições para a formação do patrimônio do servidor público etc. Os gastos com **pessoal inativo**, que ainda têm corrido à conta do setor educacional, deverão ser computados à parte, uma vez que não tem sentido eles continuarem sendo debitados nos orçamentos do setor.

Como os objetivos precípuos do setor se referem à prestação de serviços pedagógicos, devem ser incluídos nos gastos com **material de consumo** apenas os que dizem respeito ao bom funcionamento do ensino. Sabe-se que haverá muita dificuldade na identificação desagregada destes dados de custo, no sentido da separação de material de consumo burocrático e de material de consumo pedagógico, pois as compras destes componentes é geralmente feita em conjunto, não se distinguindo qual papel, por exemplo, foi destinado à produção e reprodução de textos e provas do que será utilizado nas operações administrativas dos órgãos gestores. O problema pode ser contornado com o cálculo da quantidade de material de consumo utilizado nos diversos âmbitos, multiplicado pelos preços unitários.

Até agora temos considerado os componentes de custo dos dois grandes grupos: **Custos Pedagógicos** e **Custos de Gestão**.

As chamadas **"despesas sociais"** — gastos com assistência alimentar, assistência à saúde do educando, transporte etc., enfim com programas de apoio ao educando e que não se incluem entre os serviços precípuos e resultantes da essencialidade da instituição educacional — devem ser computadas à parte. Embora elas sejam necessárias e tenham, nos últimos anos, por força de conjunturas socialmente desfavoráveis, especialmente para as clientelas da escola pública, hipertrofiando suas funções, não há porque incluí-las nos dispêndios atendidos com os mínimos vinculados, mesmo porque tal procedimento é vedado na Constituição. De qualquer forma, estas despesas têm espaço no banco de dados e o sistema permitirá desagregá-las, a qualquer momento, bem como possibilita a desagregação de qualquer componente ou de qualquer agregado de componentes.

Conforme afirmamos antes, com base nessa concepção mais geral, o Instituto Paulo Freire desenvolveu uma metodologia de cálculo do custo-aluno-ano (CAA), transformando-o num sistema de computador.

O sistema gera banco de dados, a partir de informações coletadas e fornecidas pelo usuário, e monta tabelas (em tela de vídeo ou impressora) de situações reais ou simuladas, considerando todos os gastos das unidades gestoras do sistema educacional (Função 08 — Educação e Cultura), relativos à educação infantil, ao ensino fundamental, à educação de jovens e adultos e ao ensino especial.

O sistema foi configurado com um perfil o mais flexível e amigável possível. Assim, destacamos, dentre outras, suas facilidades operacionais:

1ª) Possibilita a montagem de situações, envolvendo uma ou um conjunto de escolas, um município ou conjunto de municípios ou um estado ou conjuntos de estados — com a agregação ou desagregação das unidades escolares das respectivas redes (municipais ou estaduais e/ou privadas).

2ª) As tabelas apresentam os valores dos componentes de custo desagregados e agregados em conjuntos de componentes de mesma natureza, o resultado final do custo aluno/ano e os percentuais de incidência de cada componente ou agregado de componentes na composição do custo final, permitindo uma análise aprofundada em cada situação específica. A título de exemplo, imaginemos que o órgão gestor queira investir em acervo bibliográfico adicional ao existente na unidade considerada. Pela metodologia de cálculo, pode-se fazer exercícios de simulação para verificar o impacto de diferentes investimentos neste insumo sobre o custo aluno.

3ª) O sistema permite a geração de pequenos bancos de dados, incorporando-os, posteriormente, a o implantado no órgão central.

Este mecanismo permite ainda distribuir a coleta e digitação de dados até o nível de unidades escolares. Por exemplo, se uma Secretaria de Estado quiser, poderá autorizar a digitação dos componentes de custos relativos a uma escola, grupos de escolas, município ou grupos de municípios, nos próprios locais alvo da pesquisa. Em seguida, as informações digitadas poderão ser incorporadas, facilmente, no seu banco de dados (via rede ou via disquete).

4ª) O caráter amigável do sistema, mencionado anteriormente, além do conteúdo das telas indicar com clareza as operações subsequentes, permite ajuda *on line* para qualquer dúvida do usuário.

5ª) O sistema incorpora os códigos dos programas, subprogramas e rubricas dos orçamentos, balanços e prestações de contas usuais no serviço público, facilitando a coleta de dados de documentos oficiais.

6ª) Qualquer informação do banco de dados pode ser alterada ou excluída, o que facilita a formulação de simulações que não deverão integrá-lo definitivamente ou a correção de eventuais inconsistências.

Por sua simplicidade operacional, o sistema necessita de um microcomputador com, pelo menos, um processador 80386 X, com 4 *megabytes* de memória *RAM*, um *mouse* e a versão 3.0 ou posterior do *Windows* da *Microsoft*.

O sistema apresenta dois dispositivos de segurança: um na utilização do próprio sistema e outro na geração do banco de dados.

Quanto à utilização: a) somente usuários credenciados podem operar o sistema; b) o sistema reconhece dois níveis de usuário: coordenador e digitador; c) senha pessoal, com possibilidade de alteração, por conveniência do usuário; d) o coordenador pode incluir ou excluir outros usuários, bem como alterar permissões de acesso dos digitadores a qualquer parte do sistema.

Em conclusão, o *software* permite uma enorme rapidez no cálculo do custo anual de um aluno, com desagregação ou agregação de seus diversos componentes e em bases variadas: Estado, Município ou escola. Um manual acompanha o conjunto de dois disquetes, explicando, desde a implantação do sistema até sua operação e extração de relatórios.

É evidente que os cálculos permitidos pela metodologia desenvolvida dizem respeito aos gastos praticados. No entanto, deve-se avançar a concepção de custo-aluno-qualidade, isto é, para as despesas e os consequentes recursos necessários, sua correta distribuição e alocação, para o desenvolvimento de uma educação de qualidade. Neste caso, a metodologia de cálculo que se constitui, inicialmente, em instrumento da visibilidade crítica dos custos praticados, pode tornar-se ferramenta de construção da educação de qualidade desejada para todos.

9

UMA ESCOLA, MUITAS CULTURAS

Moacir Gadotti

Vivemos na era da globalização da economia e das comunicações, mas também numa época de acirramento das contradições inter e intrapovos e nações, época do ressurgimento do racismo e de certo triunfo do individualismo.

É dentro desse cenário da pós-modernidade que a escola precisa atuar, um cenário que coloca **novos desafios** para nós, educadores: que tipo de educação necessitam os homens e as mulheres dos próximos 20 anos para viver este mundo tão diverso? Certamente eles e elas necessitam de uma educação para a diversidade, necessitam de uma **ética da diversidade** e de uma **cultura da diversidade**. Uma sociedade multicultural deve educar o ser humano multicultural, capaz de ouvir, de prestar atenção ao diferente, de respeitá-lo.

Neste novo cenário da educação será preciso reconstruir o saber da escola e a formação do educador. Não haverá um papel cristalizado tanto para a escola quanto para o educador. Em vez da arrogância de quem se julga dono do saber, o professor deverá ser mais criativo e aprender com o aluno e com o mundo. Numa época de violência, de agressividade, o professor deverá promover o entendimento com os diferentes e a escola deverá ser um espaço de convivência, onde os conflitos são trabalhados e não camuflados.

Nesse contexto global há duas dimensões que podem ser logo destacadas:

a) a **dimensão interdisciplinar**

O objetivo fundamental da interdisciplinaridade é experimentar a vivência de uma realidade global que se inscreve nas experiências cotidianas do aluno, do professor e do povo que, na escola conservadora, é compartimentada e fragmentada. Articular saber, conhecimento, vivência, escola, comunidade, meio ambiente etc. é o objetivo da interdisciplinaridade. Na prática ela se traduz por um trabalho escolar coletivo e solidário. Este exercício leva à transdisciplinaridade, isto é, ao rompimento com a estrutura disciplinar do conhecimento.

b) a **dimensão internacional**

Para viver esse tempo presente, o professor precisa preparar as crianças para o mundo da diferença e da solidariedade entre diferentes. A escola precisa formar o cidadão para participar de uma sociedade planetária. A escola deve ser local, como ponto de partida, mas tem que ser internacional e intercultural como ponto de chegada, isto é, deve valorizar a cultura local — a cultura primeira do aluno — e redimensioná-la na relação com outras culturas, não ficando, portanto, apenas nela.

Os três momentos do método de Paulo Freire, por exemplo, parecem contemplar essas duas dimensões:

a) pela *investigação temática*, aluno e professor buscam, no universo vocabular do aluno e da sociedade onde ele vive, as palavras e temas centrais de sua biografia;

b) pela *tematização*, codificando e decodificando esses temas, ambos buscam o seu significado social, tomando assim consciência do mundo vivido e

c) pela *problematização* buscam superar uma primeira visão mágica (ingênua), substituindo-a por uma visão crítica, partindo para a transformação do contexto vivido.

Diante do problema do desinteresse de muitos de nossos alunos pelos conteúdos curriculares do nosso ensino, costuma-se responder com métodos mais apropriados ou aumentando o tempo de frequência à escola. Mas há outra visão do problema que é a de adequar o tratamento dos conteúdos, problematizando-os e equacionando a relação entre a transmissão da cultura e o itinerário educativo dos alunos. O currículo monocultural oficial representa, neste aspecto, um grande obstáculo a ser superado. Ao contrário, os resultados obtidos com currículos multiculturais, que levam em conta a cultura do aluno, são mais eficazes para despertar o interesse do aluno.

Paulo Freire chamava essa cultura do aluno de "cultura popular". Outros educadores que também estudaram esse tema, como o educador francês Georges Snyders, chamam-na de "cultura primeira". Equacionar adequadamente ou não a relação entre **identidade cultural** e **itinerário educativo**, sobretudo para as camadas populares, pode representar a grande diferença na extensão ou não da educação para todos e de qualidade, nos próximos anos.

Só uma educação multicultural pode dar conta dessa tarefa.

A **educação multicultural** se propõe a analisar criticamente os "currículos" monoculturais atuais e procura formar criticamente os professores, para que mudem suas atitudes diante dos alunos mais pobres e elaborem estratégias próprias para a educação das camadas populares, procurando, antes de mais nada, compreendê-las na totalidade de sua cultura e de sua visão de mundo.

Por exemplo, na educação de jovens e adultos trabalhadores, uma estratégia de alfabetização, numa concepção multicultural, deveria partir da biografia dos próprios educandos, da experiência de trabalho e de suas relações com o mundo.

Essa estratégia foi aplicada com sucesso num programa de alfabetização na cidade de São Paulo, no projeto MOVA-SP (Movimento de Alfabetização e de Pós-alfabetização da Cidade de São Paulo), durante a gestão de Paulo Freire (1989-1991). Os jovens e adultos sentiram-se mais envolvidos no processo de alfabetização, no momento em que perceberam a importância que o professor dava à vida deles. Um deles dizia que tinha "vergonha" de contar sua vida porque a considerava um "fracasso". Atribuía a ele mesmo esse fracasso e não a uma estrutura social e econômica iníqua. Ao "contar" o que "fez na vida", ele podia assumi-la com mais confiança, compreendê-la melhor, buscar as razões para uma "vida melhor". Se aprender lhe possibilitava "viver melhor", daria tudo de si para continuar aprendendo. Se a escola era isso, era tudo o que procurava. Sentia-se feliz em estar na escola, já que em tantos lugares de trabalho ele sempre era "envergonhado".

A **diversidade cultural** é a riqueza da humanidade. Para cumprir sua tarefa humanista, a escola precisa mostrar aos alunos que existem outras culturas além da sua. A autonomia da escola não significa isolamento, fechamento numa cultura particular. Escola autônoma significa escola curiosa, ousada, buscando dialogar com todas as culturas e concepções de mundo. **Pluralismo** não significa ecletismo, um conjunto amorfo de retalhos culturais. Pluralismo significa sobretudo diálogo com todas as culturas, a partir de uma cultura que se abre às demais.

A escola não deve apenas transmitir conhecimentos, mas também preocupar-se com a formação global dos alunos, numa visão em que o conhecer e o intervir no real se encontrem. Mas, para isso, é preciso saber trabalhar com as diferenças, isto é, é preciso reconhecê-las, não camuflá-las, e aceitar que para me conhecer, preciso conhecer o outro.

Partindo desse **princípio antropológico**, muitas **ações práticas** podem ser desenvolvidas, desde já, para a construção de uma escola pluralista e competente, que articule a diversidade cultural dos alunos com seus próprios itinerários educativos:

a) pode-se fortalecer grupos que trabalham com currículos multiculturais, impulsionando o movimento emergente de valorização das diferentes culturas;

b) pode-se incentivar as escolas para que façam mudanças nos seus currículos, incluindo temas como: direitos humanos, educação para a paz, educação ambiental, discriminação racial e cultura popular;

c) pode-se recuperar os códigos linguísticos das próprias comunidades desde o processo de alfabetização, como meio de fortalecer a autoestima; enfim,

d) pode-se promover a autonomia da escola na elaboração de seus currículos, pois, só com autonomia a escola pode fazer as mudanças desejadas.

Tudo isso é factível desde já. É possível e necessário. As **consequências** desse enfoque para o ensino são enormes. Trata-se de estabelecer metodologias que permitam converter as contribuições étnico-culturais em conteúdos educativos, portanto, fazer parte da proposta educativa global de cada escola. Evidentemente, o professor de qualquer disciplina precisa ter conhecimentos antropológicos e culturais mínimos e ter um olhar educado para perceber as diferenças étnico-culturais, portanto, precisa reeducar o seu olhar para a **interculturalidade**; precisa descobrir elementos culturais externos que revitalizem a sua própria cultura.

É no contexto deste mundo mestiço que devemos colocar a questão da identidade.

— O que é **identidade** e, em particular, o que é identidade sociocultural?

Primeiramente, deveríamos falar de identidade étnico-cultural, pois ao falarmos de identidade de uma cultura temos que localizá-la num determinado tempo e espaço e no interior de um grupo étnico. Por sua vez, essa identidade estaria articulada a uma identidade nacional, determinada também historicamente.

Afirmar uma identidade étnico-cultural é afirmar uma certa originalidade, uma **diferença**, e, ao mesmo tempo, uma **semelhança**. Idêntico é aquele que é perfeitamente igual. Na identidade existe uma relação de igualdade que cimenta um grupo, igualdade válida para todos os que a ele pertencem. Porém, a identidade se define em relação a algo que lhe é exterior, diferente.

Vivemos hoje uma **explosão das diferenças**: étnicas, sexuais, culturais, nacionais etc., que coloca a questão do resgate da identidade.

Na verdade, identidade é a resposta que damos à pergunta: **quem somos nós**?

Nós, brasileiros, somos uma mistura de afro-americanos (negros), índios e brancos. Mas só isso? O poeta brasileiro Carlos Drummond de Andrade dizia que "nenhum Brasil existe" e se perguntava: "e acaso existem os brasileiros?" O que é genuinamente nosso? O que pode constituir-se numa identidade nossa?

Por outro lado, a identidade sociocultural seria um conceito inócuo se tendesse a fixar padrões culturais para apenas "preservá-los". A cultura é dinâmica e no contato com outras culturas ela se transforma. Por isso, é preferível falar-se em "identidades culturais" e não "identidade cultural", para evidenciar, desde logo, a pluralidade e o dinamismo da identidade cultural. Hoje é quase impossível reconhecer uma cultura que não esteja em íntima **interdependência** com outras. Como podemos articular a diversidade cultural com itinerários educativos que se direcionem para a equidade? Suponho que não existe condição de reconhecer a diferença se não se parte da aceitação da alteridade — consciência do outro — e da igualdade, porque, para me conhecer necessito conhecer o outro como parceiro. A identidade supõe uma relação de igualdade e diferença, que pode ser antagônica ou não. Só há diálogo e parceria quando a diferença não é antagônica. O diálogo é uma relação de unidade de contrários não antagônicos. Entre antagônicos só pode haver o conflito.

O tema da relação entre a diversidade cultural e os itinerários educativos já foi tratado por educadores como Paulo Freire e, na França, Georges Snyders. Cada um a seu modo aponta para uma pedagogia com base no respeito à identidade cultural do educando. É interessante notar as semelhanças e diferenças na visão do mesmo problema por esses dois eminentes educadores.

Paulo Freire constrói a sua pedagogia — o seu "método" como é conhecido — num itinerário que vai da **cultura popular** à cultura erudita e letrada, passando pela formação da **consciência crítica**, articulando a primeira com a segunda.

O pensamento de Paulo Freire tem suas raízes mais profundas no debate político-cultural brasileiro do final dos anos 1950. Tratava-se do debate em torno da construção de uma identidade nacional baseada no desenvolvimento político, social e econômico que, segundo ele, passava pela tomada de consciência da realidade nacional. Esse processo não poderia dar-se sem uma transformação na estrutura do ensino e da extensão da educação para todos. Um projeto de emancipação e construção de uma nova nação brasileira passava pela assunção de suas características de nação latino-americana e terceiro-mundista, ao contrário do que as elites dominantes pensavam, que era criar, no Brasil, uma "nova Europa" ou uma "nova América".

Daí Paulo Freire insistir na questão da "invasão cultural", da "dependência" e da "consciência alienada". Denunciando essa "realidade nacional" Freire estava anunciando, dialeticamente, o seu fim e inaugurando, entre nós, um vigoroso movimento em torno de um pensamento pedagógico autônomo. Paulo Freire reintroduz a reflexão sobre o social no pensamento educacional brasileiro, comprometendo-se com os ideais de uma democracia radical.

Cultura popular, segundo ele, é sinônimo de "conscientização", ou seja, de tomada de consciência da realidade nacional para transformá-la e criar novas formas de relações sociais e políticas; significa consciência de direitos, possibilidade de criar novos direitos e capacidade de defendê-los contra o autoritarismo, a violência e o arbítrio. Enfim, para Paulo Freire, **cultura popular** significa **cultura da cidadania**.

Já a pedagogia de Georges Snyders pretende operar uma ruptura e uma continuidade entre a **cultura primeira** — cuja modalidade mais evidente é a cultura de massa — e a **cultura elaborada**, própria da escola, a escola, entendida como o lugar do sistemático e do progressivo, mas também o lugar da alegria.

Como Paulo Freire, Snyders não desvaloriza a cultura de massa, mas mostra o quanto ela é insuficiente. A cultura primeira promete muito, mas cumpre pouco. Ela necessita de um prolongamento na cultura elaborada, que, melhor que a cultura primeira, pode atingir a satisfação desejada.

A cultura do nosso tempo é a cultura de massa. A sua grande força está no fato de ela nos unir instantaneamente a todo o mundo, embora de forma fugaz. Porém, a cultura de massa, na forma como é veiculada, retira o que há de melhor, de original, na cultura popular e a devolve ao povo sob a forma de receitas e preceitos. É uma cultura que apresenta o produto, mas não mostra o processo sobre como se chegou a esse produto. Por isso, é uma cultura de consumo.

Apesar disso, a escola que negasse a cultura de massa estaria contribuindo para com o fracasso escolar das crianças das camadas populares, frente às crianças das elites. A escola que tira a criança desse ambiente de bombardeamento constante dos meios de comunicação de massa e a transporta para um local enfadonho que não utiliza a sua linguagem e não satisfaz os seus desejos, fracassa na sua tarefa primeira que é despertar o desejo de aprender e desenvolver a capacidade de continuar aprendendo.

A escola precisa fazer a síntese entre continuidade e ruptura, em relação à cultura de massa, se quiser respeitar a identidade cultural das crianças populares, como diz o educador francês Georges Snyders, no livro *A Alegria na Escola* (1988). O imediato, a cultura primeira, deve ser um apelo em direção ao elaborado.

A cultura elaborada não necessariamente representa algo superior para as necessidades vitais de todos os indivíduos. Depende do contexto histórico em que eles vivem. Pode até destruir sua identidade por uma espécie de "esquecimento" ou rejeição da cultura primeira. Ela pode representar a alienação pura, o "discurso do outro", na expressão do filósofo grego naturalizado francês, Cornelius Castoriadis, no livro *A Instituição Imaginária da Sociedade* (1982). **Hospedado dentro de mim, o outro acaba falando por mim**. É o caso, por exemplo, do drama que hoje enfrentam algumas comunidades indígenas no Brasil. Acabam não sendo nem índios, nem brancos, nem ocidentais, nem brasileiros. A escola dos brancos pode destruir a identidade indígena. Sendo o contato com o branco inevitável, o que estamos fazendo hoje — como fizemos em São Paulo na única aldeia guarani existente na capital — é criar escolas bilíngues. Já existem 600 dessas escolas no

Brasil. Elas têm por objetivo preservar e fortalecer a organização social, a cultura, os costumes, as línguas, crenças e tradições das comunidades indígenas.

Mas os meios de comunicação de massa não são a única fonte do saber dos "menos qualificados", como se costuma dizer na França. Há uma outra fonte "mais qualificada": o saber do trabalhador se constrói e se desenvolve no trabalho, isto é, no **ato de produção**. É um saber primeiro, mas é também, muitas vezes, extremamente elaborado. É sobretudo um saber "em ato" que se exprime pela oralidade e, o mais das vezes, se reduz à esfera da pura execução do trabalho. Por isso, os trabalhadores não têm interesse em desenvolver o seu saber se ele não for reconhecido como poder, isto é, se o seu saber não puder interferir na concepção e na tomada de decisão.

Os anos 1990 caracterizam-se por um pensamento pós-marxista e pós-moderno, o questionamento das teses socialistas ortodoxas e burocráticas e a afirmação da subjetividade que se expressa por meio de movimentos sociais de índole distinta, mais preocupados com questões imediatas do que com uma utopia distante, como pensávamos nos anos 1960.

De fato, estamos vivendo um tempo de crise da utopia. Afirmá-la novamente se constitui, para nós, num ato pedagógico essencial na construção da educação do futuro. Há os que acreditam que o socialismo morreu, que a utopia morreu, que a luta de classes desapareceu. Mas não foi bem o socialismo que morreu e o capitalismo que triunfou. O que foi derrotada foi uma certa moldura do socialismo.

Os neoliberais e neoconservadores sustentam também que a ideologia acabou, que nada mais é ideológico. Mas sabemos o quanto de ideológico há nesse discurso, que tenta nos convencer de que se tornaram velhos os nossos sonhos de liberdade, as nossas lutas contra o autoritarismo. Isso nos obriga a compreender mais profundamente esse discurso e a apresentar alternativas.

Nós dizíamos que uma educação não autoritária deveria respeitar o aluno. Hoje temos mais clareza desse princípio, quando as teorias da educação multicultural enfatizam ainda mais a necessidade dos educadores atentarem para as diferenças étnicas, culturais, de classe e de gênero. Dizíamos que o respeito à diferença era uma ideia muito cara à educação popular. Hoje percebemos com mais clareza que a diferença não deve ser apenas respeitada. Ela é a riqueza da humanidade, base de uma filosofia do diálogo.

Enfim, não pode estar superada uma pedagogia do oprimido enquanto existirem oprimidos. Não pode estar superada a luta de classes enquanto existirem privilégios de classe. É certo, algumas coisas mudaram. Algumas para melhor e outras para pior. Continuo percebendo, em todos os lugares por onde passo, que há uma enorme vontade de saber e de aprender dos jovens educadores de hoje e desejo de enfrentar coletivamente a luta pela libertação que continua tarefa permanente.

10

DA MUNICIPALIZAÇÃO DO ENSINO AO SISTEMA ÚNICO E DESCENTRALIZADO DE EDUCAÇÃO BÁSICA

Moacir Gadotti

"Toda organização e administração, na medida em que cresce, tende a usar, inevitavelmente, processos de mecanização e uniformização. Como isto é, por assim dizer, incompatível com o processo educativo, quanto menor a unidade de serviços a administrar, tanto melhor será a administração, e tanto mais se evitarão os males irremediáveis do processo de mecanização das macro-organizações. Logo, a administração ***municipal*** *das escolas, enquanto não pudermos estabelecer a* ***distrital****, constituirá a melhor unidade administrativa do sistema escolar brasileiro.*

Também socialmente recomenda-se a responsabilidade local. A escola, hoje, está sendo concebida como uma comunidade integrada dentro da comunidade maior da cidade, da vila ou do povoado. A administração local concorrerá para tornar possível essa integração, passando a escola a ser a instituição fundamental da comunidade, servindo-a e dela se servindo para a vitalidade e riqueza dos seus processos educativos. O professor, de nomeação local e lealdade local, deixará de ser o ***estranho****, a autoridade* ***consular*** *e passageira, um quase hóspede da comunidade, para se sentir responsável e integrante dessa comunidade."*

Anísio Teixeira, ***Congresso Nacional de Municipalidades****, abril de 1957.*

Desde os anos 1950, época em que Anísio Teixeira defendia a tese de que as escolas públicas deveriam ser administradas pelo município, até o atual debate sobre o sistema único de ensino, ocorreram muitas transformações relacionadas a esse tema, entre elas, as sucessivas campanhas de municipalização do ensino fundamental, propostas por vários governos estaduais e, na maioria das vezes, rejeitadas pelos educadores.

Para entender melhor o momento atual em torno do tema da municipalização, é preciso fazer uma breve retrospectiva.

A história da municipalização do ensino, no Brasil, iniciou-se com o fim do Estado Novo (1945) e se concretizou com a LDB de 1961 (Lei n. 4.024). Ela está ligada à história da democratização política por que passou o país, que consagrou o princípio da **descentralização**. Todavia, foi só com a Lei n. 5.692/71, promulgada sob o regime autoritário, que o princípio da municipalização do ensino fundamental apareceu na legislação, num período marcado pela prática oposta à descentralização. Em vez de ajudar os municípios, a Lei n. 5.692/71 os penalizou. A municipalização acabou servindo para concentrar ainda mais o poder e aumentar a dependência dos municípios em relação ao Estado e à União, em função da política centralizadora do regime militar.

Em agosto de 1985, com o fim do regime militar, em Recife, um pequeno grupo de educadores, dirigentes metropolitanos de educação, organizou um congresso nacional para discutir o ensino municipal. Iniciava-se um movimento de secretários municipais de educação que culminaria, no ano seguinte, com a criação da União Nacional dos Dirigentes Municipais de Educação (UNDIME). A entidade iniciou uma luta pela valorização do ensino municipal, sem defender abertamente a municipalização.

A Constituição de 1988, pela primeira vez, sem falar de municipalização, dá autonomia aos municípios para a criação de sistemas municipais, situando o município como **espaço real de poder**. A partir de 1988, o município não é mais tratado como mero executor de decisões tomadas em outras instâncias de poder.

Na prática, isto é, no cotidiano escolar de cada município, existe uma **pressão natural** junto às Prefeituras para ampliar a oferta de vagas em creches e pré-escolas e depois no primeiro grau: é mais fácil pressionar o prefeito e os vereadores do que o governo federal. A expansão da educação municipal parece inevitável, mesmo sem a transferência de escolas estaduais para as prefeituras. Contudo, é preciso distinguir essa expansão natural, provocada pela demanda, da municipalização do ensino, provocada muitas vezes de forma artificial pelo governo central ou pelos Estados.

As **políticas de municipalização** sempre encontraram muita resistência por parte dos educadores que veem nelas um caminho da privatização ou simplesmente uma forma de desobrigar o Estado e a União de suas responsabilidades frente ao ensino fundamental. Dizer "não", contudo, à municipalização, não é suficiente. Há diferentes propostas de municipalização. Os educadores não podem ficar à reboque das iniciativas oficiais. Nesse debate há mais coisas em jogo do que a privatização e a falta de vontade política. Há municípios que investem em educação e outros não. Há Estados que investem mais e outros menos. E há uma crônica falta de definição do que cabe a cada esfera de governo diante do desafio educacional brasileiro.

— O que se espera desse debate?

Espera-se que a **regionalização do ensino** não prejudique a sua unidade e a sua qualidade; que o processo de descentralização seja democrático; que a União monte um sistema de relações intersecretariais que garanta a unidade do sistema, como reivindica a UNDIME; que atenda às especificidades regionais e locais e não seja implantado maciçamente e de cima para baixo, como foi feito no Chile. Teme-se que uma política de descentralização fragmente o sistema e se caia no localismo. Mas existe uma forma de se evitar esse problema: a democratização da gestão em todos os níveis e a criação de canais de participação tais como os Conselhos de Escola e os Conselhos Municipais de Educação. Conselhos estes dinâmicos, ativos, que sejam representativos dos segmentos escolares e da comunidade educacional em geral.

A **Constituição de 1988** não prevê a municipalização do ensino fundamental. O que ela prevê é que os municípios atuem prioritariamente no ensino fundamental e na educação infantil. Nem se poderia exigir que o município assumisse encargos educacionais além de sua capacidade financeira. A questão não está, portanto, em ser o ensino estadual, federal ou municipal. A questão central da educação é que todo o ensino seja de qualidade. O município é apenas **corresponsável**, junto com o Estado e a União pela qualidade do ensino. É isso que prevê a Constituição de 1988. Ela estabelece, no seu artigo 211, o "**regime de colaboração**" entre os sistemas de ensino, a partir das prioridades definidas no Plano Nacional de Educação. O regime de colaboração — ou de "cooperação", como vem sendo chamado pelos educadores — tem um papel eminentemente equalizador. Ele foi instituído para resolver o problema das disparidades e diferenças regionais.

Esse foi um dos temas mais discutidos na Conferência Nacional de Educação Para Todos realizada em setembro de 1994 e que se tornou um dos pontos centrais do "Acordo Nacional", assinado pelos participantes desta Conferência. Pena que o governo Fernando Henrique Cardoso tenha desprezado todo o esforço que já vinha sendo feito pelos Estados e Municípios e pela União, muitas vezes em parceria com o magistério, no quadro do **Plano Decenal de Educação Para Todos**, um planejamento a longo prazo que abrangia uma década (1993-2003). Considerados os seus limites, o Plano Decenal mobilizou significativa parcela de educadores em todo o país e se configurou numa rica experiência educacional que deveria ser aproveitada.

O regime de colaboração supõe a existência de **sistemas municipais de educação** ou, pelo menos, de estruturas municipais adequadas para o desenvolvimento da educação básica. Os sistemas municipais de educação estão hoje também previstos nas Constituições Estaduais e nas Leis Orgânicas de inúmeros municípios. Mas há ainda um longo caminho a percorrer nessa direção, já defendida, há mais de 30 anos, por Anísio Teixeira. O regime de colaboração será mais facilmente implantado na medida em que as municipalidades dispuserem de estruturas consolidadas em sistemas municipais de educação.

Precisamos passar da defensiva para a ofensiva, a começar pelo controle das verbas municipais pela sociedade civil. Há uma razão para isso: em muitos municípios têm-se desenvolvido **experiências inovadoras** de grande impacto na população. Em muitos casos, o ensino municipal foi criado como uma forma de resistência contra o ensino tradicional dos Estados e da União, ou simplesmente porque estes abandonam os municípios. É preciso resguardar essa qualidade e procurar melhorá-la. Portanto, defender antes de mais nada uma educação municipal de qualidade.

Com base nessas experiências inovadoras, na década de 1990, o debate da municipalização e da descentralização atingiu **novo patamar**: percebeu-se que não é suficiente repassar as escolas para a responsabilidade dos municípios. Municipalizar ou descentralizar o ensino implica uma revisão do próprio sistema. Os programas de municipalização deverão levar a uma nova **estrutura** do sistema educacional e a mudanças na própria **concepção** de escola pública.

O ponto de chegada não é mais apenas administrativo: é político e pedagógico e, sobretudo, estrutural. O que está em jogo é a questão da qualidade do ensino e a oferta de oportunidades iguais de educação. Está pesando muito hoje o argumento da equidade. O poder público deve intervir no sentido de diminuir as disparidades. A educação precisa ser mais valorizada pela sociedade e a escola deve voltar a ter prestígio. Essas são algumas das características novas do debate em torno da descentralização do ensino.

É dentro dessa nova concepção da descentralização que surgem iniciativas como a do **Sistema Único e Descentralizado de Educação Básica** (SUDEB), do Estado do Mato Grosso. Secundando a Constituição de 1988, a Constituição do Estado do Mato Grosso prevê que "o Estado e os Municípios organizarão seus sistemas de ensino de modo articulado e em colaboração" (art. 237), sob o princípio norteador da **gestão democrática**. Inspirada nesses princípios, a Secretaria de Estado da Educação formulou, em 1996, a proposta do SUDEB, colocando como foco referencial de suas ações a **unidade escolar** e enfatizando a gestão compartilhada.

Não se trata de mais uma reforma, mas de uma verdadeira transformação estrutural no modo de se pensar, planejar, implementar e gerir a educação básica. A **centralidade focal da escola** significa fazer dela a unidade administrativa, financeira e pedagógica por excelência e, por via de consequência, induzi-la à autonomia plena, ainda que financiada pelos recursos estatais. As implicações daí decorrentes representam uma verdadeira revolução no modelo de gestão, obrigando uma redefinição profunda na matriz estrutural da Secretaria de Educação e demais órgãos que compõem o sistema.

Partindo do princípio de que não basta municipalizar as escolas, mas é preciso implantar um novo sistema, o Estado do Mato Grosso está propondo a **gestão compartilhada** da educação básica entre Estado e Município. A gestão compartilhada objetiva romper com a forte dissociação entre as redes estadual e municipal de ensino público e entre as próprias escolas, algumas das quais, de tão fragmentadas, chegavam (e chegam) a atuar concorrentemente.

O cidadão não se concebe, nem concebe seus filhos, como "estaduais" ou "municipais", na busca de concretização do direito à educação; mas concebe-se como um cidadão diante do Poder Público, quando adentra uma escola — quer seja estadual, quer seja municipal — à procura de vaga. Por isso, não tem sentido a dicotomia implantada e assumida como praxe que, além dos malefícios já mencionados, quase sempre leva às discriminações odiosas — seja no trato dos alunos, seja no dos profissionais de educação —, à concorrência viciosa, às superposições, ao paralelismo de ações, ao desperdício de recursos públicos.

Pode-se **conceituar** o Sistema Único e Descentralizado de Educação Básica do Mato Grosso como a interação política, normativa e executiva dos serviços públicos de educação básica do Mato Grosso, com a integração dos recursos financeiros, tecnológicos, materiais e humanos, sem distinção de unidades federais, estaduais ou municipais localizadas no território do Estado, de modo a evitar os paralelismos, as discriminações no atendimento aos alunos e no trato aos profissionais de educação, a duplicidade de meios para fins idênticos e as atividades concorrenciais.

O SUDEB é uma forma de organizar o sistema educacional público: a) numa **base legal e institucional comum** que garanta a unidade da escola pública em termos de objetivos e de resultados; b) **eliminando as redes de ensino** e as disparidades no padrão de atendimento; c) **respeitando a diversidade de seu contexto** (social, econômico, político e cultural) e de propostas e soluções.

Ter a escola como centro significa dotá-la de grande **autonomia**. Para garantir um atendimento de qualidade, eficiente e equânime, ela deve ter competência para decidir nas seguintes áreas: **pedagógica** (programas, metodologias de ensino, livro didático, material de ensino, cursos, seminários, calendário escolar, intercâmbio, avaliação etc.); **política de pessoal** (dimensionamento do quadro de pessoal, nível salarial, condições de acesso e progressão funcional, critérios para desligamento, processo de escolha de dirigentes escolares e de avaliação de desempenho etc.); **administrativa e organizacional** (planos de desenvolvimento, projetos de atividades de organização e controle escolar etc.) e **financeira** (definição das despesas de custeio e capital, elaboração de projetos de captação de recursos financeiros, plano de aplicação dos recursos disponíveis etc.). Portanto, a **escola pública** que está sendo construída no Mato Grosso — sem os qualificativos "federal", "estadual" e "municipal" — deverá ser estatal quanto ao financiamento, comunitária quanto à gestão e pública quanto à destinação.

O **gerenciamento** do sistema único e descentralizado processar-se-á em dois níveis: a) **deliberativo**: formulação e acompanhamento de políticas, legislação e normatização do sistema; b) **executivo**: operacionalização das políticas. A formulação de políticas, a legislação e a normatização do sistema ficarão a cargo do Conselho Estadual Deliberativo, com participação paritária de representantes do Governo Estadual, dos Governos Municipais e segmentos organizados da sociedade civil no âmbito do Estado.

O **suporte institucional e operacional** e o monitoramento das escolas ficarão sob a responsabilidade da Secretaria de Estado da Educação e das Secretarias Municipais. A estrutura para o gerenciamento do sistema no nível deliberativo constará de: a) **Conselho de Gestão do Sistema Único (CGS)**; b) **Secretaria Executiva (SE)**; c) **Seis Câmaras Temáticas**: Informações Educacionais, Ensino (Currículos, Programas e Metodologias), Legislação e Normas, Financiamento, Avaliação e Controle.

Este esforço interativo aponta para a qualidade universalizada e tem como sinal concreto a **integração dos recursos** no "Fundo de Manutenção e Desenvolvimento das Escolas Públicas" (FUMDEP), a ser criado. Em outras palavras, não vemos sentido na atual situação em que as pessoas do mesmo município, profissionais e alunado, recebam **tratamento diferenciado** — em termos de condições e qualidade de serviço — porque estão em escolas de diferentes jurisdições.

11

ANTEPROJETO DE LEI NACIONAL DE GESTÃO DEMOCRÁTICA DO ENSINO PÚBLICO — LGD

EXPOSIÇÃO DE MOTIVOS

Tanto a Constituição de 1988 (art. 206, inciso VI) quanto a nova LDB preveem a "gestão democrática do ensino público, na forma de lei", o que significa ser necessária a iniciativa legislativa, no sentido de dar consequência a tão importante dispositivo constitucional.

Convidado pelo Conselho Nacional de Secretários de Educação (CONSED) para desenvolver estudos relativos à gestão democrática no ensino público, o Instituto Paulo Freire mapeou as experiências de secretarias estaduais e de órgãos municipais de educação sobre o tema e encontrou três dimensões mais recorrentes:

a) escolha de dirigentes escolares;

b) gestão colegiada;

c) autonomia das escolas.

1 — Escolha de Dirigentes Escolares

A escolha e a designação de dirigentes escolares predominantes no sistema escolar público brasileiro têm sido aquela decorrente do arbítrio do chefe do Poder Executivo, tanto no nível estadual quanto no municipal, por se tratar, em sua grande maioria, de cargos comissionados, comumente denominados "cargos de confiança".

Com a aprovação da Constituição de 1988, muitos administradores abriram mão dessa prerrogativa, iniciando o processo de implantação da gestão democrática no ensino, antes mesmo de sua regulamentação. Outras administrações estaduais e municipais já vinham escolhendo democraticamente os dirigentes escolares desde o início da década de 1980.

Embora reconhecida pela maioria como elemento constitutivo importante, ainda que insuficiente, da gestão democrática do ensino, a eleição de diretores escolares tem se deparado com algumas dificuldades.

Primeiramente as Constituições estaduais e as leis orgânicas municipais têm consignado aos governadores e prefeitos a competência privativa para a nomeação de agentes para o exercício de cargos públicos comissionados, numa projeção extensiva do que dispõe a Constituição Federal sobre as prerrogativas do Presidente da República (arts. 37 e 61, II).

Se, por outro lado, as mencionadas funções são definidas nas estruturas das carreiras do magistério, o preenchimento e a investidura nos respectivos cargos submetem-se ao processo seletivo previsto para o setor público, ou seja, só são preenchidos através de concurso público.

As funções de diretor e vice-diretor escolar têm sido definidas, na maioria das vezes na estrutura administrativa, como adstritas a cargos comissionados ("de confiança") ou integrantes das carreiras do magistério. No primeiro caso, a investidura decorre de ato privativo do titular do Poder Executivo, tornando o processo eleitoral dependente da vontade política do governante em exercício — que pode assumir o compromisso moral de nomear o mais votado, mas não se garante a continuidade do processo em administrações subsequentes, porque, neste caso, ele depende da decisão pessoal e não da imputabilidade legal. No segundo caso, a classificação em concurso público cria direitos adquiridos irrevogáveis pelo processo eleitoral. Se o primeiro inviabiliza a premissa básica inicial do processo democrático, que é o direito de escolha dos dirigentes, o segundo torna vitalícios os detentores dos cargos das escolas, consolidando os vícios e desvantagens do continuísmo e impedindo o saudável princípio da rotatividade e da renovação.

Segundo o ex-Procurador Geral da República, Dr. Aristides Junqueira — em exposição feita na III Reunião Extraordinária do CONSED, em setembro de 1996 — governadores dos estados do Mato Grosso, Mato Grosso do Sul, Santa Catarina, Rio Grande do Sul e Rondônia entraram com ação direta de inconstitucionalidade contra processos eleitorais para escolha de diretores escolares, com base em dispositivos das respectivas Constituições Estaduais. Na mesma oportunidade, a Presidenta do CONSED, Ana Luíza Machado Pinheiro, narrou episódio congênere nas eleições dos diretores da rede escolar estadual mineira, por ação de entidade de representação dos diretores escolares daquele estado.

É preciso ainda aproveitar, conforme conclusão apresentada por Junqueira, a riquíssima experiência de gestão democrática da escola pública acumulada no país, evitando que outros Estados e Municípios sejam vítimas de novas ações que emperram o processo da eleição democrática de dirigentes escolares. A possível solução para tanto, seria a união de todos os Secretários de Educação em torno da construção de uma lei (federal) da gestão democrática, regulamentando os artigos da Constituição Federal que dizem respeito a esta.

2 — Conselhos Escolares

Nas redes escolares públicas brasileiras, as Associações de Pais e Mestres (APMs) e das Caixas Escolares têm sido uma tradição. Embora sejam reconhecidas as contribuições dessas entidades à gestão escolar, reconhece-se também a necessidade de avanços no processo participativo, particularmente no sentido de uma nova concepção da escola como unidade básica pedagógica, gestora e financeira, gerida colegiadamente.

O levantamento realizado pelo Instituto Paulo Freire demonstrou que tem ocorrido nas redes escolares estaduais e municipais uma grande diversidade de experiências, destacando-se entre outras:

a) manutenção de APMs;

b) manutenção de caixas escolares;

c) criação de conselhos ou colegiados escolares;

d) existência de conselhos e caixas escolares, simultaneamente, na mesma escola.

Aqui a dificuldade tem residido, ou nas restrições à participação dos atores que compõem a representação dos diversos segmentos da comunidade, especialmente dos pais, limitando-a ao caráter consultivo; ou na própria resistência desses atores à participação, por terem sido marcados, tradicional e negativamente, por convites das direções das escolas destinados apenas a chamadas de atenção sobre o mau comportamento ou desempenho do filho, às solicitações de contribuições e, mesmo quando voltados para deliberações importantes, não terem tido consequências práticas visíveis.

Para que a participação se amplie, é necessário, de um lado, maior abertura democrática dos gestores do sistema, reconhecendo que os conselhos deliberativos constituem uma condição necessária para a eficiência e eficácia da escola, e, de outro, é imprescindível o reconhecimento, pelos usuários do sistema, que somente através de sua participação é possível a universalização do ensino básico de qualidade. Afinal, o conceito de qualidade educacional variará de acordo com os projetos sociais de cada comunidade específica.

3 — Autonomia da Escola

Esta dimensão da gestão democrática do ensino público tem se deparado com dificuldades que podem ser elencadas em vários níveis:

a) ideológico;

b) pedagógico;

c) administrativo; e

d) financeiro.

No nível ideológico, a descentralização do gerenciamento do sistema tem encontrado resistência, de um lado, pelos que defendem uma prática centralizadora e hierarquizada do sistema de ensino e, de outro, pelos que veem na descentralização uma porta aberta para a privatização do ensino público.

No nível pedagógico, a descentralização é vista como uma ameaça esfaceladora da unidade curricular. É bom lembrar que a proposta de construção da escola como unidade pedagógica não dispensa referências sistêmicas, no nível do estado e do país. Na verdade trata-se de uma proposta que concilia o nacional e o regional com o local e, por que não dizer, mormente num momento de globalização dos processos econômicos e comunicacionais, relaciona o mundial com o local.

Administrativamente, a resistência à descentralização tem sido mais fraca por parte dos gestores, na medida em que têm encarado as escolas e suas respectivas comunidades como executoras de decisões tomadas centralizadamente. No entanto, aqui também se esboçam resistências mais sutis ao verdadeiro processo de descentralização, porque ele é travestido de mera desconcentração, dependente do instituto da delegação de competências. Na realidade este último processo intensifica o poder central, pois representa o lançamento de tentáculos deste poder na periferia do sistema.

Do ponto de vista financeiro, multiplicam-se, cada vez mais, as experiências de repasses de recursos diretamente às escolas. A transferência da totalidade dos recursos tem encontrado fortes resistências das entidades de representação da categoria docente, que se sente ameaçada em vários aspectos: perda da estabilidade no emprego, fragilização da articulação sindical e, no limite, privatização das unidades escolares. O mais frequente tem sido o repasse parcial de recursos, mantendo-se na administração central a gestão de pessoal e os investimentos de capital (construções, por exemplo).

Contudo, aí também a gestão democrática tem encontrado várias dificuldades por causa da legislação relativa à gestão de recursos públicos. Se constituem unidades gestoras escolares de direito privado — fundações, associações sem fins lucrativos ou cooperativas — há impedimento legal de repasse de recurso público. Se as escolas passam a se constituir como unidades orçamentárias, haverá obstáculos intransponíveis para a aplicação de recursos face às exigências burocráticas da legislação pertinente (lei das licitações). Neste caso, além da impossibilidade de maior agilidade — um dos objetivos fundamentais da descentralização financeira — há que se reproduzir no nível escolar todo um aparato administrativo que onera os processos de compra e de aquisições. Agilidade, economia e adequação às necessidades prioritárias da escola são as principais finalidades do processo de descentralização financeira.

Assim, diante de todos estes obstáculos, nas diversas dimensões e níveis do processo descentralizador no sistema educacional, urge regulamentar o artigo 206, inciso VI, da Constituição Federal, numa tentativa de amenizá-los e permitir um novo modelo de gestão escolar que atenda não somente à democratização do processo de gestão, mas também, e, principalmente, à universalização da educação básica de qualidade para todos os brasileiros.

O novo modelo de gestão democrática a ser construído deverá ser adequado às características locais pelas próprias comunidades escolares. Por isso, a regulamentação acima referida deve apresentar apenas os princípios gerais como, por exemplo, que todo diretor de escola seja eleito.

A Lei da Gestão Democrática do Ensino Público deve ser uma lei com o máximo de flexibilidade porque as realidades no país são tão diversas que não se pode estabelecer uma norma jurídica rígida, considerando as dimensões geográficas intercontinentais do Brasil.

ANTEPROJETO DE LEI

Regulamenta o artigo 206, inciso VI, da Constituição Federal e dá outras providências.

O Congresso Nacional aprovou e eu sanciono e promulgo a seguinte Lei:

Capítulo I
Da Gestão Democrática do Ensino Público

Art. 1º — A gestão democrática do ensino público, prevista no artigo 206, inciso VI da Constituição Federal, é regulamentada por esta Lei com a finalidade de garantir à escola pública o caráter estatal quanto a seu financiamento, o caráter comunitário quanto à sua gestão e o caráter público quanto à sua destinação.

Art. 2º — Para a melhor consecução de sua finalidade, a gestão democrática da escola pública, no que se refere à educação básica, será implementada mediante a observação dos seguintes princípios:

I — garantia de centralidade do sistema na escola;

II — livre organização e participação dos segmentos da comunidade escolar nos processos decisórios, através da representação em órgãos colegiados;

III — autonomia de gestão pedagógica, administrativa e financeira das unidades escolares da rede pública de ensino;

IV — transparência nos mecanismos pedagógicos, administrativos e financeiros;

V — valorização dos profissionais da educação;

VI — otimização dos recursos públicos na sua distribuição e aplicação.

§ 1º — Entende-se por segmentos da comunidade escolar, para os efeitos desta lei:

I — o conjunto dos alunos matriculados e regularmente frequentes;

II — o conjunto dos pais ou responsáveis pelos alunos menores de idade, nos termos da legislação em vigor, enquadrados nas condições do inciso anterior;

III — o conjunto dos professores lotados e em exercício na escola;

IV — o conjunto dos servidores técnico-pedagógicos;

V — o conjunto do pessoal técnico-administrativo e de serviços gerais lotado na escola.

§ 2º — A gestão democrática do ensino superior será tratada em lei própria.

Art. 3º — Os estabelecimentos de ensino serão instituídos como personalidades jurídicas, sem fins lucrativos e dotados de autonomia pedagógica, administrativa e financeira, em consonância com a legislação pertinente em vigor, ficando submetidos à supervisão das autoridades competentes, na forma prevista para as entidades da Administração Indireta.

Capítulo II
Da Autonomia Pedagógica

Art. 4º — A autonomia pedagógica será assegurada na possibilidade de cada escola formular e implementar seu Projeto Político-Pedagógico, em consonância com as políticas públicas vigentes e as normas dos sistemas de ensino aplicáveis.

Art. 5º — O Projeto Político-Pedagógico Escolar preverá, dentre outros elementos:

a) o plano de metas, os fins e objetivos da escola;

b) a proposta pedagógica da unidade escolar, referenciada no currículo estabelecido pelo sistema a que ela esteja jurisdicionada;

c) os métodos e técnicas de ensino;

d) os mecanismos, instrumentos e processos de aperfeiçoamento profissional do pessoal lotado na escola;

e) os meios e recursos necessários à consecução das metas, fins e objetivos da escola;

f) os processos de avaliação da aprendizagem e de desempenho da unidade.

§ 1º — O processo de aperfeiçoamento profissional do pessoal lotado e em exercício na escola será desenvolvido em programas de capacitação, atualização e especialização permanentes, mediante formação em serviço.

§ 2º — O processo de avaliação do desempenho interno, que não exclui a necessidade de avaliação externa, buscará medir o impacto das ações na cobertura do atendimento, na permanência e aproveitamento dos alunos e na qualidade do ensino ministrado.

§ 3º — O órgão gestor da rede a que pertencem as escolas promoverá e coordenará, anualmente, a execução da avaliação externa, levando em conta o currículo, as diretrizes legais e as políticas públicas vigentes no respectivo sistema.

Capítulo III
Da Autonomia Administrativa

Art. 6º — A autonomia administrativa dos estabelecimentos será garantida por:

I — indicação dos dirigentes escolares;

II — constituição dos conselhos escolares, nos termos desta lei;

III — formulação, aprovação e implementação do plano de gestão da Escola.

Seção I
Da Escolha dos Dirigentes Escolares

Art. 7º — Os dirigentes escolares, indicados para a nomeação pela autoridade competente, serão escolhidos pelos membros da comunidade escolar, mediante processo que verifique a competência profissional e a liderança dos candidatos.

§ 1º — A competência profissional é condição de elegibilidade e será verificada mediante processo seletivo prévio ao processo eleitoral, de acordo com as diretrizes definidas coletiva e democraticamente com a participação de todos os segmentos educacionais e coordenado pelo órgão gestor do respectivo sistema educacional.

§ 2º — A liderança será verificada dentre os candidatos classificados no processo previsto no parágrafo anterior, mediante processo eleitoral, coordenado pelo Conselho de Escola, que garanta a participação de todos os membros da comunidade escolar, respeitada a paridade de votos dos diversos segmentos que a compõem e a legislação em vigor.

§ 3º — A duração do mandato, as atribuições e os demais procedimentos quanto à escolha, posse, exercício e destituição dos mandatos dos dirigentes escolares serão previstos em normas a serem democraticamente baixadas pelos respectivos sistemas de ensino.

Seção II
Dos Conselhos de Escola

Art. 8º — Serão constituídos e implantados Conselhos de Escola em todas as unidades do ensino público.

Parágrafo único. Escolas unidocentes poderão organizar-se em conjuntos de escolas de uma mesma comunidade ou de comunidades vizinhas, para efeito de criação, implantação e implementação de seus respectivos Conselhos.

Art. 9º — Os Conselhos de Escola terão funções deliberativa, consultiva, normativa e fiscalizadora no âmbito da escola, observados os princípios legais, as normas do respectivo sistema e as diretrizes da administração específica.

Art. 10 — Comporão os Conselhos de Escola os representantes de todos os segmentos da Comunidade Escolar, respeitada a paridade de representação.

Parágrafo único. Representantes de outros órgãos ou entidades cuja atuação tenha ligações com a unidade escolar, desde que aprovada por maioria de 2/3 (dois terços) dos membros do Conselho e homologada pelo órgão gestor do respectivo sistema.

Art. 11 — As demais normas de estrutura e funcionamento dos Conselhos de Escola serão estabelecidas democraticamente pelos respectivos sistemas.

§ 1º — Os Conselhos Municipais, Intermunicipais e Estaduais de Educação, instituídos e constituídos democraticamente pelos seus respectivos sistemas de ensino, desempenharão papel mediador e interlocutor em relação às gestões dos Conselhos de Escola.

§ 2º — Os Conselhos de Escola serão representados nos Conselhos Municipais, Intermunicipais e Estaduais de Educação.

Capítulo IV
Da Autonomia Financeira

Art. 12 — A autonomia de gestão financeira dos estabelecimentos de ensino público será assegurada pela administração dos recursos, total ou parcialmente, pela própria unidade escolar, nos termos de seu Projeto Político-Pedagógico e das disponibilidades orçamentário-financeiras nela alocadas.

§ 1º — Para os efeitos desta lei, entende-se por autonomia de gestão financeira:

I — total: quando a escola administra todos os recursos a ela destinados pelo Serviço Público, inclusive, os relativos à folha de pagamentos;

II — parcial: quando a escola administra apenas parte dos recursos a ela destinados pelo Serviço Público, ficando a outra parte sob gestão direta do órgão gestor do sistema respectivo.

§ 2º — Todos os recursos, inclusive os recursos adicionais decorrentes de outras fontes, serão incorporados no orçamento escolar e os bens patrimoniais por ele adquiridos incorporados ao Patrimônio Público.

Art. 13 — Os recursos financeiros públicos destinados a cada unidade escolar serão calculados com base no custo-aluno-qualidade do respectivo sistema, multiplicado pelo número de alunos matriculados e regularmente frequentes na mesma unidade.

Art. 14 — Na aplicação de seus recursos financeiros, em caso de administração total, a escola respeitará o mínimo de 60% (sessenta por cento) do total para pagamento de docentes em efetivo exercício no magistério e piso nacional profissional do pessoal de magistério.

Art. 15 — Na execução financeira os estabelecimentos darão prioridade ao atendimento do ensino obrigatório.

Capítulo V
Das Disposições Gerais, Finais e Transitórias

Art. 16 — Os poderes executivos nas instâncias estadual e municipal têm até 120 (cento e vinte) dias para o ajustamento de seus sistemas ao disposto nesta lei, prevendo-se a transição dos outros tipos de gestão para a gestão democrática dos estabelecimentos de ensino público, preservados os direitos legalmente adquiridos.

Art. 17 — Cada sistema definirá, anualmente, o custo-aluno-qualidade-ano, as quotas orçamentário-financeiras, as parcelas e a periodicidade de repasse às escolas, de acordo com a necessidade de preservação de seu poder aquisitivo e à adequação ao número de alunos matriculados e regularmente frequentes.

Parágrafo único — O custo-aluno-qualidade-ano não poderá ser inferior ao mínimo estabelecido nacionalmente, em decorrência da regulamentação da Emenda Constitucional n. 14/96.

Art. 18 — Cabe aos órgãos gestores dos sistemas a oferta de cursos de qualificação de dirigentes escolares e de capacitação dos seus segmentos para o processo de participação, no sentido de prepará-los para o melhor atendimento aos dispositivos desta lei.

Art. 19 — Os atuais dirigentes escolares cujo processo de indicação e nomeação não se enquadrarem no previsto nesta lei, terão preservados seus direitos, de acordo com o previsto em cada sistema, passando a integrar quadros suplementares, quando for o caso, a partir da implantação do que nela está prescrito.

Art. 20 — Até que seja promulgada legislação específica relativa à simplificação da administração de recursos públicos diretamente pelas escolas, os sistemas repassá-los-ão àquelas ou o farão, a título de suprimento, a entidade de personalidade jurídica sem fins lucrativos vinculada à escola.

Art. 21 — As atuais Caixas Escolares, Associações de Pais e Mestres e órgãos colegiados congêneres, serão absorvidos pelos Conselhos Escolares.

Art. 22 — Esta lei entra em vigor na data de sua publicação, revogadas as disposições em contrário.

Palácio do Planalto, Brasília, __ de __________ de ____.

Presidente da República Federativa do Brasil

Ministro da Educação e do Desporto

BIBLIOGRAFIA GERAL

ABRAHÃO, Elias. Processo de escolha de dirigentes educacionais. In: *Relatório de atividades 1991-1992*. Recife: CONSED, 1993. p. 25-30.

ALBERTINI, Remo. "L'autonomia di fronte alla scuola". In: Revista *Il Trentino*, Trento, ano XXVIII, n. 170, p. 56-65, jun./jul. 1991.

AMARAL SOBRINHO, José; XAVIER, Antonio Carlos da R.; MARRA, Fátima. Gestão da escola fundamental: situação atual e tendências. In: XAVIER, Antonio Carlos da R.; AMARAL SOBRINHO, José; MARRA, Fátima (Orgs.). *Gestão escolar*: desafios e tendências. Brasília: Ipea, 1994. p. 51-85. (Série Ipea, 145).

APP-SINDICATO ingressa na justiça para garantir eleições. *Informativo APP--SINDICATO*, Curitiba, ano 1, n. 7, p. 4, nov. 1991. Número Especial.

ARGUMEDO, Manuel Alberto. *Conteúdos programáticos da educação básica*. Rio de Janeiro, Seminário Internacional de Educação Básica de Jovens e Adultos, 21 nov. 1985. (Mimeo.)

ARROYO, Miguel González. A escola e o movimento social: relativizando a escola. *Revista da ANDE*, São Paulo, v. 6, n. 12, p. 15-20, 1987.

______. Educação e exclusão da cidadania. In: BUFFA, Esther; ARROYO, Miguel G.; NOSELLA, Paolo. *Educação e cidadania:* quem educa o cidadão. 3. ed. São Paulo: Cortez, 1991. p. 31-80.

ASSOCIAÇÃO de Diretores repudia Decreto. *Informativo APP-SINDICATO*, Curitiba, ano 1, n. 7, p. 4, nov. 1991. Número Especial.

AVANCINE, Sérgio Luíz. *Daqui ninguém nos tira:* mães na gestão colegiada da escola pública. Dissertação (Mestrado) — PUC, São Paulo, 1990.

AZEVEDO, Fernando. *A educação pública em São Paulo*. São Paulo: Nacional, 1937.

AZZI, Sandra. *Da autonomia negada à autonomia possível*: trabalho docente na escola pública capitalista (um estudo a partir da sala de aula). Tese (Doutorado) — FEUSP, São Paulo, 1994.

BARCELLOS, Eronita. A escola também é conteúdo. In: *Contexto e Educação*. Universidade de Ijuí, n. 18, p. 37-42, jul./set. 1992.

BENEVIDES, Maria Victória de Mesquita. *A cidadania ativa*: referendo, plebiscito e iniciativa popular. São Paulo: Ática, 1991.

BOBBIO, Norberto. *O conceito de sociedade civil*. Rio de Janeiro: Graal, 1982.

______. *O futuro da democracia*: uma defesa das regras de jogo. Rio de Janeiro: Paz e Terra, 1986.

______. *Estado, governo e sociedade*: para uma teoria geral da política. Rio de Janeiro: Paz e Terra, 1987.

______. *Liberalismo e democracia*. 3. ed. São Paulo: Brasiliense, 1990.

BOBBIO, Norberto; BOVERO, M. *Sociedade e estado na filosofia política moderna*. São Paulo: Brasiliense, 1987.

BORBA, Marisa; LOPES, Jussara. *Eleição de diretores nas escolas na rede municipal do Rio de Janeiro* — Versão 1994 ou "Crônica da Morte Anunciada" (1995). (Mimeo.)

BORDIGNON, Genuíno; OLIVEIRA, Luiz S. Macedo de. A escola cidadã: uma utopia municipalista. In: Revista *Educação Municipal*. São Paulo, Cortez/Undime/Cead, n. 4, p. 5-13, maio de 1989.

BORSOTTI, Carlos A.; BRASLAVSKY, Cecília. Hacia una teoria del fracaso escolar en familias de estratos populares. In: MADEIRA, Falícia Reicher; MELLO, Guiomar Namo de. *Educação na América Latina*: os modelos teóricos e a realidade social. São Paulo: Cortez/Autores Associados, 1985. p. 203-229.

BRANDÃO, Zaia (Org.). *A crise dos paradigmas e a educação*. São Paulo: Cortez, 1994.

BRASIL. Supremo Tribunal Federal. *Deferimento de medida cautelar de suspensão do inciso VII do art. 178 da Constituição do Estado do Paraná:* ADIn n. 606-1/PR. Governador do Estado do Paraná e Assembleia Legislativa do Estado do Paraná. Relator: Ministro Octávio Gallotti. 17 de outubro de 1991. (Brasília), out. 1991. (Mimeo.)

BRASLAVSKY, Cecília. *Autonomía y anomía en la educación argentina*. Buenos Aires: FLACSO, 1993.

______. *Descentralización, autonomía y calidad de la educación en América Latina*. Buenos Aires: FLACSO, 1992.

BUENO, Belmira Oliveira. *As associações de pais e mestres na escola pública do Estado de São Paulo* (1931-1986). Tese (Doutorado) — FEUSP, São Paulo, 1987.

CALAÇA, Celina Ferreira. *Eleição de diretor de escola e gestão democrática*: um estudo de caso. Dissertação (Mestrado) — PUC, São Paulo, 1993.

CAMPOS, Maria Malta. *Escola e participação popular*: a luta por educação elementar em dois bairros de São Paulo. Tese (Doutorado) — USP, São Paulo, 1982.

______. As lutas sociais e a educação. In: *Cadernos de Pesquisa*, São Paulo, n. 79, p. 56-74, nov. 1991.

CAMPOS, Rogério Cunha de. *A luta dos trabalhadores pela escola*. Dissertação (Mestrado) — UFMG-FE, Belo Horizonte, 1985.

CARNOY, Martin. *Estado e teoria política*. Campinas: Papirus, 1988.

______. *Razões para investir em educação básica*. New York: Unicef, 1992.

CARVALHO, Marília. Um invisível cordão de isolamento: escola e participação popular. In: *Cadernos de Pesquisa*, São Paulo, FCC, n. 70, p. 65-73, ago. 1989.

______. *Uma identidade plural*: estudo de uma escola pública na região metropolitana de São Paulo. Dissertação (Mestrado) — FEUSP, São Paulo, 1991.

CARVALHO, N. V. *Autogestão*: o governo pela autonomia. São Paulo: Brasiliense, 1983.

CASASSUS, Juan. Descentralização e desconcentração educacional na América Latina: fundamentos e crítica. In: *Cadernos de Pesquisa*, São Paulo, n. 74, p. 11-19, ago. 1990.

CASTEJÓN, Agostinho. Educação popular e educação escolar: confronto ou articulação? *Revista da Educação da AEC*. Rio de Janeiro, v. 10, n. 40, p. 3-9, 1981.

CASTORIADIS, Cornelius. *A criação histórica*: o projeto da autonomia. Porto Alegre: Palmarinca, 1991.

______. *A instituição imaginária da sociedade*. Rio de Janeiro: Paz e Terra, 1982.

CASTRO, Marta Luz Sisson de et al. Eleição de diretores: a experiência do Estado do Rio Grande do Sul. *Revista Brasileira de Administração da Educação,* Brasília, Anpe, v. 7, n. 1 e 2, p. 80-102, jan./dez. 1991.

______. A prática democrática do professor no contexto da eleição de diretores. In: CASTRO, Marta Luz Sisson de; FRANCO, Maria Estela Dal Pai (Orgs.). *A prática da administração da educação*: um debate em aberto. Porto Alegre: Adergs/Anpae Região Sul, 1992.

CEDI. O caminho da escola: luta popular pela escola pública. In: *Cadernos do Cedi,* São Paulo, n. 15, dez. 1986.

CENPEC. *A democratização do ensino em 15 municípios brasileiros*. São Paulo: Cenpec, 1993.

CENTRO DOS PROFESSORES DO ESTADO DO RIO GRANDE DO SUL. Sindicato dos Trabalhadores em Educação. *Rio Grande do Sul*: direção de escola; escolha do diretor pela comunidade: possibilidade; constitucionalidade do artigo 213, § 1º, da Constituição Estadual. Porto Alegre, 23 de setembro de 1991. (Mimeo.)

CONHOLATO, Maria Conceição; CUNHA, Maria Cristina Amoroso A. da; oords. *O papel do diretor e a escola de 1º grau*. São Paulo: FDE. Diretoria Técnica, 1992. (Série Ideias, n. 12).

CORTELA, Mário Sérgio. A reconstrução da escola: a educação municipal em São Paulo de 1989 a 1992. *Em Aberto,* Brasília, ano 11, n. 53, p. 54-63, jan./mar. 1992.

COSTA, Messias. *O rendimento escolar no Brasil e a experiência de outros países*. São Paulo: Loyola, 1990.

COUTINHO, Carlos Nelson. *Gramsci*: um estudo sobre o seu pensamento político. Rio de Janeiro: Campus, 1989.

COVRE, Maria de Lourdes Manzini. *O que é cidadania*. São Paulo: Brasiliense, 1991.

CPERS-SINDICATO (Centro dos Professores do Estado do Rio Grande do Sul — Sindicato dos Trabalhadores em Educação). *Rio Grande do Sul. Direção de escola. Escolha do diretor pela comunidade. Possibilidade. Constitucionalidade do artigo 213, § 1º, da Constituição Estadual.* Porto Alegre, 23 set. 1991. (Mimeo.)

CUNHA, Maria Cristina Amoroso A. da (Coord.). *O diretor-articulador do projeto da escola.* São Paulo: FDE. Diretoria Técnica, 1992. (Série Ideias, n. 15.)

DAL BELLO, Beatriz Maria Maccarini. *Realidade e perspectivas na função dos diretores de escolas.* Dissertação (Mestrado) — PUC-RS, Porto Alegre, 1989.

DALBEN, Ângela Imaculada Loureiro de Freitas. *Trabalho escolar e Conselho de Classe.* Campinas: Papirus, 1992.

DALLARI, Dalmo de Abreu. *O que é participação política.* São Paulo: Brasiliense, 1984.

DEMO, Pedro. *Participação é conquista*: noções de política social participante. São Paulo: Cortez, 1988.

______. Participação comunitária e constituição: avanços e ambiguidades. In: *Cadernos de Pesquisa*, São Paulo, FCC, n. 71, p. 72-81, nov. 1989.

______. *Cidadania menor*: algumas indicações quantitativas de nossa pobreza política. Petrópolis: Vozes, 1992.

______. *Desafios modernos da educação.* Petrópolis: Vozes, 1993.

ELEIÇÃO aponta novos diretores. *Jornal da Educação*, Curitiba, p. 1, jun. 1983.

ELEIÇÃO de diretores: o governo quer acabar com a democracia. *Informativo APP-Sindicato,* Curitiba, ano 1, n. 7, p. 1, nov. 1991. Número Especial.

EVANGELISTA, Olinda. *O Congresso mineiro de educação (1983-84) e a articulação entre a organização da sociedade civil e a educação escolar*. Dissertação (MS) — PUC, São Paulo, 1988.

EVERS, Tilman e outros. Movimentos de bairro e estado: lutas na esfera da reprodução na América Latina. In: MOISÉS, José Álvaro et al. *Cidade, povo e poder*. 2. ed. São Paulo: Cedec/Paz e Terra, 1985. p. 110-164.

FANFANI, Emilio Tenti. *La escuela vacía*: deberes del Estado y responsabilidades de la Sociedad. Buenos Aires: Unicef/Losada, 1993.

FAORO, Raymundo. *Os donos do poder*: formação do patronato político brasileiro. Porto Alegre/São Paulo: Globo/Edusp, 1975. v. 1.

FARIA, Lia. *Ciep*: a utopia possível. São Paulo: Livros do Tatu, 1991.

FAUNDEZ, Antônio. *O poder da participação*. São Paulo: Cortez, 1993.

FERNANDES, Florestan. *O desafio educacional*. São Paulo: Cortez/Autores Associados, 1989.

FERNANDES, Rubem Cesar. *Privado porém público*: o terceiro setor na América Latina. Rio de Janeiro: Relume-Dumará, 1994.

FERREIRA, Nilda Teves. *Cidadania*: uma questão para a educação. Rio de Janeiro: Nova Fronteira, 1993.

FREIRE, Paulo. *A educação na cidade*. São Paulo: Cortez, 1991.

______. *Pedagogia da autonomia*. São Paulo: Paz e Terra, 1997.

FRIEDMAN, Milton; FRIEDMAN, Rose. *Liberdade de escolher*: o novo liberalismo econômico. Rio de Janeiro: Record, 1982.

FRIGOTTO, Gaudêncio. *Trabalho e educação face à crise do capitalismo*: ajuste neoconservador e alternativa democrática. Tese (Titular) — UFF-FE, Rio de Janeiro, 1993.

FRITZEN, Silvino José. *Exercícios práticos de dinâmica de grupo*. Petrópolis: Vozes, 1986 (v. 1), 1991 (v. 2).

GADOTTI, Moacir. *Uma só escola para todos*: caminhos da autonomia escolar. Petrópolis: Vozes, 1989.

______. *Escola cidadã*: uma aula sobre autonomia da escola. São Paulo: Cortez/Autores Associados, 1992b.

______. *Diversidade cultural e educação para todos*. Rio de Janeiro: Graal, 1992c.

______. *Escola vivida, escola projetada*. Campinas: Papirus, 1992d.

______. *Organização do trabalho na escola*. São Paulo: Ática, 1993.

GADOTTI, Moacir; BARCELLOS, Eronita Silva. *Construindo a escola cidadã no Paraná*. Brasília: MEC, 1993.

GADOTTI, Moacir; ROMÃO, José Eustáquio. *Projeto da Escola Cidadã*. São Paulo: IPF, 1994. (Mimeo).

GARCIA, Maria Mercedes da Silva. Eleição de diretores: a experiência do Estado do Rio Grande do Sul. *Revista Brasileira de Administração da Educação*, Porto Alegre, v. 7, n. 1 e 2, p. 80-102, jan./dez. 1986.

GARCIA, Walter Esteves. *Administração educacional em crise*. São Paulo: Cortez/ Autores Associados, 1991. (Polêmicas do Nosso Tempo, v. 46.)

______ (Org.). *Inovação educacional no Brasil*: problemas e perspectivas. São Paulo: Cortez e Autores Associados, 1980.

GIRARDI, Neuza Maria. *Autonomia da gestão escolar e as funções educacionais do Estado*. Dissertação (Mestrado) — PUC, São Paulo, 1994.

GÓES, Moacyr de. A função social do diretor de escola pública, eleito pelo voto direto. In: *Revista Brasileira de Administração da Educação*, Brasília, v. 8, n. 1, p. 85-100, jan./jun. 1992.

GOIÁS. Lei n. 9.631, de 17 de dezembro de 1984. Dispõe sobre o Estatuto do Magistério Público do Estado de Goiás.

______. Lei n. 9.983, de 27 de janeiro de 1986. Altera a Lei n. 9.631, de 17 de dezembro de 1984 e dá outras providências.

GOMES, Cândido Alberto. Gestão participativa nas escolas; resultados e incógnitas. In: XAVIER, Antonio Carlos da R.; AMARAL SOBRINHO, José; MARRA, Fátima (Orgs.). *Gestão escolar*: desafios e tendências. Brasília: Ipea, 1994. p. 23-50. (Série Ipea, 145).

GONÇALVES, Maria Dativa de Salles. *Autonomia da escola e neoliberalismo*: Estado e escola pública. Tese (Doutorado) — PUC, São Paulo, 1994.

GONZALES, Elias Nunes. *Conselho de classe participativo, fator de integração na escola*. São Paulo: Loyola, 1987.

GRAMSCI, Antônio. *Os intelectuais e a organização da cultura*. Rio de Janeiro: Civilização Brasileira, 1968.

______. *Obras escolhidas*. Lisboa: Estampa, 1974. 2 v.

HEEMANN, E. B. A eleição dos diretores das escolas estaduais do Paraná e seus efeitos na vida da escola. In: *Revista Brasileira de Administração da Educação*, Porto Alegre, Anpac, p. 46-62, jul./dez. 1986.

HIRSCHMAN, A. O. *De consumidor a cidadã*: atividade privada e participação na vida pública. São Paulo: Brasiliense, 1983.

HORA, Dinair Leal da. *Gestão democrática na escola*: artes e ofícios da participação coletiva. Campinas: Papirus, 1994.

JACOBI, Pedro. Descentralización Municipal y participación o ciudadana: anotaciones para el debate. In: Revista *Estudios sociales centroamericanos*, n. 55, p. 45-60, jan./abr. 1991.

______. Descentralização e participação: alcances e limites da inovação no município de São Paulo. *Serviço Social & Sociedade*. São Paulo, n. 41, p. 22-38, abr. 1993.

______. Administração municipal, descentralização e participação. In: *Educação Municipal*. São Paulo: Cortez/Undime/Cead, s.d., p. 7-19.

JANOTTI, Maria de Lourdes M. *O Coronelismo*: uma política de compromissos. São Paulo: Brasiliense, 1981.

KAYE, Barrington. *Formação de professores*: participação na aprendizagem. Lisboa: Livros Horizonte, s.d.

KUNDERA, Milan. *A brincadeira*. Rio de Janeiro: Nova Fronteira, 1986.

LAGÔA, Ana. O jogo de gato e rato na eleição de diretor. *Nova Escola*, São Paulo, p. 10-17, maio 1992.

LEAL, Elizabeth Juchem Machado; SILVA, Virgínia Maria de Figueiredo e. Diretores eleitos: dilemas emergentes da greve do magistério de 1987 em Santa Catarina. *Revista Brasileira de Administração da Educação*, Porto Alegre, v. 5, n. 1, p. 62-77, jan./jun. 1987.

LEAL, Victor Nunes. *Coronelismo, enxada e voto*. São Paulo: Alfa-Omega, 1975.

LE BOTERF, Guy. A participação das comunidades na administração da educação. *Revista de Administração Pública*. Rio de Janeiro, v. 16, n. 1, p. 107-142, jan./mar. 1982.

LEM, Leocádia Aglaê Petry. Descentralização e autonomia da escola pública. In: *Relatório de atividades 1991-1992*. Recife, Consed, p. 73-85, 1993.

LOBO, Thereza. Descentralização: conceitos, princípios, prática governamental. In: *Cadernos de Pesquisa*, São Paulo, n. 74, p. 5-10, ago. 1990.

LOPES, Eliane Marta Teixeira. *Origens da educação pública*. São Paulo: Loyola, 1981.

MARÉS, Carlos. Eleição de diretores e democracia na escola. *Ande*, São Paulo, v. 3, n. 6, p. 49-50, 1983.

MARES GUIA NETO, Walfrido Silvino dos. *A realidade da educação em Minas Gerais*: autonomia, prioridades, compromissos. Belo Horizonte: Assembleia Legislativa, 1991.

MARQUES, Mário Osório. *A formação do profissional da educação*. Ijuí: Ed. Unijuí, 1992. (Col. Educação n. 13).

______. *A reconstrução da educação com qualidade*. Ijuí: Ed. Unijuí, 1992.

MARTINS, Carlos Estevam. Três ideias para a escola pública. *Folha de S.Paulo*, p. 3, 24 mar. 1994.

MATO GROSSO. Lei n. 5.604, de 22 de maio de 1990. Regulamenta a gestão democrática do sistema estadual de ensino de Mato Grosso.

MELLO, Guiomar Namo de. *Cidadania e competitividade*: desafios educacionais do terceiro milênio. São Paulo: Cortez, 1993.

______. Autonomia da escola: possibilidades, limites e condições. In: GOMES, C. A.; AMARAL SOBRINHO, J. (Orgs.). *Qualidade, eficiência e equidade na educação básica*. Brasília: Ipea, 1992.

MELLO, Guiomar Namo de; SILVA, Rose, N. da. A gestão e a autonomia da escola nas novas propostas de políticas educativas para a América Latina. *Estudos Avançados*, v. 12, n. 5, p. 45-60, maio/ago. 1991.

MIRANDA, Romeu Gomes de. A gestão da escola pública. *Educação em Debate*, Curitiba, v. 1. n. 1, p. 6-7, dez. 1992/jan. 1993.

MOISÉS, José Álvaro. Poder local e participação popular. In: *Política municipal*. Porto Alegre: Mercado Aberto, s.d.

MONTENEGRO, Neísse. *O conselho de escola e a gestão participativa*. São Paulo: PUC-SP, 1991.

MOOG, Viana. *Bandeirantes e pioneiros*: paralelo entre duas culturas. Porto Alegre: Globo, 1954.

NACCARATO, Miguel. *Escola livre e gratuita*: o exemplo belga é viável no Brasil? São Paulo: Loyola, 1984.

NOGUEIRA, Madza Julita. Debate aberto: o desafio da Constituinte. *Revista da Ande*, n. 10, p. 25-26, 1986.

______. *Todos pela educação no município*: um desafio para cidadãos. Brasília: UNICEF, 1993.

NOGUEIRA, Madza Julita. Diretor dirigente: a construção de um projeto pedagógico na escola pública. In: BORGES, Abel Silva et al. *O diretor-articulador do projeto da escola*. São Paulo: FDE, 1992. p. 57-67. (Série Ideias, n. 15).

NUÑEZ, Iván. Educação e democracia: formas de participação popular. *Educação municipal*. São Paulo: Cortez/Undime/Cead, s.d., p. 29-34.

O GOVERNO quer acabar com a eleição para diretores. *Informativo APP--SINDICATO*, Curitiba, ano 1, n. 7, p. 4, nov. 1991. Número Especial.

OFFE, Claus. *Problemas estruturais do Estado capitalista*. Rio de Janeiro: Tempo Brasileiro, 1984.

OLIVEIRA, Francisco de. A armadilha neoliberal e as perspectivas da educação. *Revista Brasileira de Administração da Educação*. Brasília, v. 9, n. 1. p. 37-49, jan./jun. 1993.

OLIVEIRA, João Batista Araújo e. Os desafios da gestão educacional. In: XAVIER, Antonio Carlos da R.; AMARAL SOBRINHO, José; MARRA, Fátima (Orgs.). *Gestão escolar*: desafios e tendências. Brasília: Ipea, 1994. p. 3-22. (Série Ipea 145).

OLIVEIRA, Romualdo Portela de. A organização do trabalho como fundamento da Administração Escolar: uma contribuição ao debate sobre a gestão democrática da escola. *Série Ideias*, São Paulo, n. 16, p. 114-124, 1993.

PAIXÃO, Regina da. O colegiado escolar como instrumento de gestão participativa: a vivência de Mato Grosso do Sul. In: XAVIER, Antonio Carlos da R.; AMARAL SOBRINHO, José; MARRA, Fátima (Orgs.). *Gestão escolar*: desafios e tendências. Brasília: Ipea, 1994. p. 107-122. (Série Ipea, 145).

PARANÁ. Assembleia Legislativa. Projeto de Lei. Fixa normas para criação de conselhos escolares nos termos do art. 178, inciso VII da Constituição Estadual. [s.1.]:[1990]. (Mimeo).

______. Decreto n. 849/91, de 31 de outubro de 1991a.

______. Secretaria de Estado da Educação. Regimento escolar para os estabelecimentos da rede pública estadual de ensino. (Curitiba), 1991b.

______. Secretaria de Estado da Educação. Resolução n. 3.174/95, 3 de agosto de 1995.

______. Tribunal de Justiça do Paraná. *Mandado de Segurança n. 19.082-1*, de Curitiba. Dispõe sobre a constitucionalidade da Lei Estadual n. 7.961/84, que estabelece a eleição dos diretores da rede estadual de ensino. Relator: Sydney Zappa. Curitiba, 4 de dezembro de 1992. (Mimeo).

PARO, Vitor Henrique. A utopia da gestão escolar democrática. In: *Cadernos de Pesquisa*, São Paulo, n. 60, p. 51-53, fev. 1987.

______. *Administração escolar*: introdução crítica. São Paulo: Cortez/Autores Associados, 1986.

______. Eleições de diretores na escola pública. *Revista Brasileira de Administração da Educação*, Brasília, v. 10, n. 2, p. 87-101, jan./jun. 1994.

______. Participação da comunidade na gestão democrática da escola pública. *Série Ideias*, São Paulo, FDE, n. 12, p. 39-47, 1992c.

PASSOS, Inah; CARVALHO, Marília; SILVA, Zoraide I. F. Uma experiência de gestão colegiada. In: *Cadernos de Pesquisa*, São Paulo, n. 66, p. 81-94, ago. 1988.

PAZETO, Antonio Elizio. *Processo decisório e participação no planejamento da educação*: a experiência catarinense. Dissertação (Mestrado) — Iesae, Rio de Janeiro, 1988.

PEPE, Theresa M. de Freitas Adrião. *A gestão democrática nas escolas da Rede Municipal de São Paulo*: 1989-1992. Dissertação (Mestrado) — FEUSP, São Paulo, 1995.

PEREIRA, Luiz Carlos Bresser. Universidade pública não estatal. *Folha de S.Paulo*, p. 2, 28 abr. 1987.

PEREIRA, William Cesar Castilho. *Dinâmicas de grupos populares*. Petrópolis: Vozes, 1991.

PERTENCE, José Paulo Sepúlveda. *Arguição de inconstitucionalidade do artigo 1º, da Lei n. 6.709, de 12 de outubro de 1985, do Estado de Santa Catarina, que estabelece serem os cargos de diretor de escola pública escolhidos através de eleições e do artigo 25 da Lei n. 6.771, de 12 de junho de 1986, do Estado de Santa Catarina, que vincula o vencimento dos membros do magistério ao salário mínimo*. Brasília, 11 de setembro de 1987. (Mimeo).

PINHO, Diva Benevides. *Cooperação, cooperativa e cooperativismo*: ensaio de conceituação. São Paulo: Cultrix, 1976.

PNUD/SENEB/MEC. Encontro sobre melhoria da gestão e da qualidade da educação básica no Brasil. Fortaleza, 7 a 10 de outubro de 1991.

PNUD/UNESCO/UNICEF/BANCO MUNDIAL. *Declaração Mundial sobre Educação para todos e Plano de Ação para satisfazer as necessidades básicas de aprendizagem* (Jomtien, Tailândia, 5 a 9 de março de 1990). Brasília: Unicef, 1991.

PRAIS, Maria de Lourdes Melo. *Administração colegiada na escola pública*. Campinas: Papirus, 1990.

PREFEITURA MUNICIPAL DE ICAPUÍ. *Universalização do Ensino em Icapuí*: sistematização da experiência. Icapuí, 1992 (31 p.).

PREFEITURA MUNICIPAL DE MARINGÁ. *Ensino público e gratuito com microgestão privada*. 1992. 33 p.

______. *Projeto de implantação do sistema de microgestão escolar privada*. Maringá, 1991. 112 p.

PRÉLOT, Marcel. *A ciência política*. São Paulo: Difel, 1964.

______. *Histoire des idées politiques*. Paris: Dalloz, 1970.

QUEIROZ, Maria Isaura Pereira de. *O mandonismo local na vida política brasileira e outros ensaios*. São Paulo: Alfa-Omega, 1976.

RAICHELIS, R. *Legitimidade popular e poder público*. São Paulo: Cortez, 1988.

REZENDE, J. *Como se faz a luta de bairros*. Petrópolis: Vozes, 1986.

RIBEIRO, Vera Masagão (Org.). Participação popular e escola pública: movimentos populares, associações de pais e mestres, conselho de escola e grêmios estudantis. In: *Cadernos do Cedi*, São Paulo, n. 19, jan. 1989.

______. O novo conselho de escola. In: *Cadernos do Cedi*, São Paulo, n. 19, p. 25-34, jan. 1989.

RIO GRANDE DO SUL. *Gabinete do Governador. ADIn n. 578-2/600*: Ação Direta Inconstitucionalidade do § 1º do art. 213 da Constituição Estadual; da Lei n. 9.233, de 13/12/1991, arts. 1º e 29; e da Lei n. 9.263, de 4/6/1991. Brasília, de 11 de agosto de 1991.

______. Leis, decretos, pareceres. Decreto n. 32.002, de 17 de setembro de 1985a. Dispõe sobre a escolha de diretores das escolas públicas estaduais e dá outras providências.

______. Leis, decretos, pareceres. Lei n. 9.233, de 13 de fevereiro de 1991. Dispõe sobre a eleição de diretores e vice-diretores de escolas públicas estaduais, em cumprimento ao disposto no § 1º do artigo 213 da Constituição Estadual e dá outras providências (com as modificações introduzidas pela Lei n. 9.263, de 6 de junho de 1991.)

RIOS, Terezinha Azerêdo. Significado e pressupostos do projeto pedagógico. In: *Série Ideias*, São Paulo, FDE, n. 15, 1992.

ROCHA, Doroty. *A gestão da educação pública em Mato Grosso do Sul*: práticas racionalizadoras e clientelismo. Tese (Doutorado) — PUC, São Paulo, 1992.

ROCKWELL, Elsie; EZPELETA, Justa. A escola: relato de um processo inacabado de construção. In: ______. *Pesquisa participante*. São Paulo: Cortez/Autores Associados, 1986. p. 9-30.

RODRIGUES, Neidson. Colegiado: instrumento de democratização. In: *Revista Brasileira de Administração da Educação*, Porto Alegre, Anpae, v. 3, n. 1, p. 72-79, jan./jun. 1985.

ROMÃO, José Eustáquio. *Poder local e educação*. São Paulo: Cortez, 1992.

______; GADOTTI, Moacir. *A educação e o município*: sua nova organização. Brasília, MEC, 1993.

______ (Org.). *Município e educação*. São Paulo: Cortez, 1993.

SADER, Emir. *Quando novos personagens entram em cena*. Rio de Janeiro: Paz e Terra, 1988.

SAMPAIO, Plínio de Arruda. *Educação livre e gratuita em todos os níveis*: uma contribuição para o debate. 12º Congresso da AEC (Associação de Educadores Católicos). Brasília, julho de 1986.

SANDER, Benno. *Consenso e conflito*: perspectivas analíticas na pedagogia e na administração da educação. São Paulo: Pioneira, 1984.

______. Consenso e conflito na administração da educação. *Revista Brasileira de Administração da Educação*, Porto Alegre, v. 1, n. 1, p. 12-34, jan./jun. 1983.

SANTA CATARINA. Lei n. 6.709, de 12 de setembro de 1985. Institui eleições e estabelece normas para a escolha de diretores das escolas públicas estaduais e dá outras providências.

______. Lei n. 6.844, de 29 de julho de 1986. Dispõe sobre o Estatuto do Magistério Público do Estado de Santa Catarina.

SANTA CATARINA. Lei n. 8.040/90, de 26 de junho de 1990. Dispõe sobre as funções de direção de escolas públicas, forma de escolha de diretores e dá outras providências.

SANTOS, Ediógenes Aragão. Participação, autonomia e cogestão na escola pública. In: *Cadernos de Pesquisa*, São Paulo, Fundação Carlos Chagas, n. 68, p. 99-105, fev. 1989.

SÃO PAULO (Município). Secretaria da Educação. *Regimento Comum das Escolas Municipais de São Paulo*. São Paulo: SME, 1992.

______ (Estado). Secretaria da Educação. *Programa de reforma do ensino público do Estado de São Paulo*. São Paulo, 1991.

SAVIANI, Dermeval. *Ensino público e algumas falas sobre universidade*. São Paulo: Cortez/Autores Associados, 1984.

______. *Escola e democracia*. Campinas: Autores Associados, 1993.

SCHMIED-KOWARZIK, Wolfdietrich. *Pedagogia dialética: de* Aristóteles a Paulo Freire. São Paulo: Brasiliense, 1983.

SÉRGIO, António. *Educação cívica*. Lisboa: Sá da Costa, 1984.

SERRES, Michel. *Filosofia mestiça. Le tier-instruit*. Rio de Janeiro: Nova Fronteira, 1993.

SILVA, Jair Militão da. *Democracia e educação*: a alternativa da participação popular na administração escolar. Tese (Doutorado) — FEUSP, São Paulo, 1989.

______. Escola e participação estudantil. *Revista da Faculdade de Educação*, São Paulo, v. 13, n. 2, p. 91-96, jul./dez. 1987.

SILVA JR., Celestino Alves da. *A escola pública como local de trabalho*. São Paulo: Cortez, 1990.

SILVA, Rose Neubauer. *Política educacional para os anos 90*. São Paulo: Fundação Carlos Chagas, 1992. (Coletânea CBE: Estado e Educação.)

SILVA, Tomaz Tadeu da. *Teoria educacional crítica em tempos pós-modernos*. Porto Alegre: Artes Médicas, 1993.

SNYDERS, Georges. *Escola, classe e luta de classes*. Lisboa, Moraes Ed., 1977.

______. *A alegria na escola*. São Paulo: Manole, 1988.

SPINK, Mary Jane Paris. *A cidadania em construção*: uma reflexão transdisciplinar. São Paulo: Cortez, 1994.

SPOSITO, Marília Pontes. *O povo vai à escola*: a luta pela expansão do ensino público de São Paulo. São Paulo: Loyola, 1984.

______. *A ilusão fecunda*: a luta por educação nos movimentos populares. Tese (Doutorado) — FEUSP, São Paulo, 1988.

TAMARIT, José. *Educar al Soberano*: crítica al iluminismo pedagógico de ayer y de hoy. Buenos Aires: Miño y Dávila, 1994.

TEDESCO, Juan Carlos. *Alguns aspectos de la privatización educativa en América Latina*. Quito: Instituto Fronesis, 1991.

TEIXEIRA, Anísio. A escola pública universal e gratuita. In: TEIXEIRA, Anísio. *Educação não é privilégio*. São Paulo: Nacional, 1977. p. 49-80.

TORRES, Carlos Alberto. *The politics of nonformal education in Latin America*. New York: Praeger, 1990.

TORRES, Rosa Maria. *Nicaragua*: revolución popular, educación popular. México: Línea, 1985.

TRAGTENBERG, Maurício. A escola como organização complexa. In: GARCIA, Walter Esteves (Org.). *Educação brasileira contemporânea*: organização e funcionamento. São Paulo: McGraw-Hill, 1976. p. 15-30.

UNICEF/ABEL. *Primary education for all*: learning from the BRAC experience. Washington: Unicef/Abel, 1993.

UNICEF. *Todos pela educação no município*: um desafio para dirigentes. Brasília: Unicef, Cecip, 1993.

UNICEF/MEC/CENPEC/CECIP. *Dicas*: o que fazer para que a educação básica dê certo no seu município. Brasília, Unicef, 1993.

VALE, Ana Maria do. *Educação popular na escola pública*. São Paulo: Cortez, 1992.

VALERIEN, Jean. *Gestão da escola fundamental*: subsídios para análise e sugestão de aperfeiçoamento. São Paulo: Cortez, 1993.

VALLA, Victor Vicent; STOTZ, Eduardo (Orgs.). *Educação, saúde e cidadania*. Petrópolis: Vozes, 1994.

VARGAS, Laura. *Técnicas participativas para la educación popular*. San José: Centro de Estudios y Publicaciones Alforja, 1984.

VIANNA, Cláudia P. *O sonho que nos move*: mães de classe média na luta pela melhoria do ensino público. Dissertação (Mestrado) — PUC, São Paulo, 1992.

VIANNA, Ilca Oliveira de Almeida. *Planejamento participativo na escola*: um desafio ao educador. São Paulo: EPU, 1986.

XAVIER, Antonio Carlos da R. Reflexões sobre a qualidade da educação e a gestão da qualidade total nas escolas. In: ANTUNES, Ana Maria de C. et al. *Estado e educação*. Campinas: Papirus, 1992. p. 223-230.

______; AMARAL SOBRINHO, José; MARRA, Fátima (Orgs.). *Gestão escolar*: desafios e tendências. Brasília: Ipea, 1994. (Série Ipea, 145.)

______. *Pesquisa sobre gestão das escolas públicas*. Brasília: Ipea, 1993.

WACHOWICZ, Lílian Anna. *O processo de gestão das escolas estaduais de 1º e 2º graus do Paraná*. Curitiba, 1991. Trabalho apresentado na 6ª CBE, São Paulo, 1991. (Mimeo).

WITTMANN, Lauro Carlos; CARDOSO, Jarbas José (Orgs.). *Gestão compartilhada na escola pública*: o especialista na construção do fazer saber fazer. Florianópolis: AAESC/Anpae, 1993.

ZABOT, Nircélio. *Eleição de diretores*: seu processo em questão. Curitiba, 1985a. (Mimeo).

______. Eleições diretas para diretor: reedição de experiência democrática abre caminho para novas conquistas na escola pública. In: PARANÁ. Secretaria da Educação. *Eleições diretas para diretor das escolas da rede estadual de ensino*. (Curitiba), 1985b.

BIBLIOGRAFIA COMENTADA

ALVES, José Matias. *Organização, Gestão e Projecto Educativo das Escolas*. 3 ed., Lisboa, Edições Asam 1995 — (Coleção Cadernos Pedagógicos). O autor chama a atenção para a necessidade da construção crítica e pessoal de um saber que pensa a escola enquanto realidade organizacional que é socialmente construída. O livro apresenta a escola como uma organização específica de educação formal, estuda as suas finalidades, funções, estruturas e analisa, sinteticamente, algumas questões ligadas à gestão escolar tais como: participação, liderança, clima escolar, tecnologia e educação, relações da escola pública com os contextos com o Estado, os atores escolares e, finalmente, projeto educativo.

CARVALHO, Marília Pinto de. "Um invisível cordão de isolamento: escola e participação popular". In: *Cadernos de Pesquisa*, São Paulo, n. 70, p. 65-73, ago. 1989. Aborda as dificuldades e impedimentos à participação popular na escola. Aponta o isolamento como o principal impedimento do sistema público de ensino em relação aos movimentos organizados, às expectativas e mesmo à vida cotidiana da população à qual atende. A ignorância a respeito do bairro, da vida dos alunos e da história de lutas que precede a conquista da escola, junto com seu isolamento, caminhariam em direção ao conflito aberto expresso em movimentos coletivos e em violência individual contra o prédio escolar e profissionais da escola. (...) A participação popular pressuporia e impulsionaria a quebra da divisão rígida entre quem é educador e quem aprende. Quanto ao projeto político da escola, os movimentos populares deveriam forçar o questionamento do conhecimento que a escola transmite, a quem transmite e a favor de quem será apropriado e aplicado.

CENPEC. *A democratização do ensino em 15 municípios brasileiros*: documento síntese. Brasília: MEC; Unicef; Cenpec, 1993. 55 p. Registra experiências educacionais de 15 municípios de pequeno, médio e grande portes localizados em nove Estados brasileiros: Icapuí (CE), Iguatu (CE), Jaboatão (PE), Dom Inocêncio (PI), São Raimundo Nonato (PI), Belo Horizonte (MG), São José da Varginha (MG), Jaguaré (ES), Vitória (ES), Resende (RJ), Conchas (SP), Maringá (PR), Marechal Cândido Rondon (PR), Ijuí (RS), Porto Alegre (RS). Esses municípios possuíam modelos diferenciados de gestão do sistema escolar, interação com o meio social, capacidade de organização escolar e gestão pedagógica voltadas para a melhoria da qualidade de ensino.

CENPEC. *Gestão, compromisso de todos*. São Paulo, 1994. 32 p. Caderno elaborado pelo Cenpec, dentro da coleção "Qualidade para todos: o caminho de cada escola". Traz as principais conclusões a respeito da gestão democrática nas experiências analisadas nessa coletânea. A realização da gestão democrática significaria encontrar caminhos para atender às expectativas da sociedade a respeito da atuação da escola, estabelecer relações mais flexíveis e menos autoritárias entre educadores e clientela escolar. Ao longo do processo de participação, estabelecem-se situações de aprendizagem de mão dupla: ora a escola estende sua função pedagógica para fora, ora a comunidade influencia os destinos da escola. A maneira mais comum de assegurar a participação de todos os interessados é a instalação de um conselho escolar. Muitas administrações municipais e estaduais já implantaram conselhos ou órgãos colegiados de gestão e sua estrutura tem variado nos diferentes municípios e estados. O Conselho garante decisões coletivas, mas sua mera instalação não garante decisões democráticas, porque os representantes escolhidos podem defender interesses parciais e posições autoritárias. Conclui que a construção de uma escola democrática e de uma sociedade democrática são processos que se desenrolariam ao mesmo tempo e que a gestão democrática possibilitaria desmontar relações de mando e submissão, fazendo surgir o sujeito coletivo, que decide, age e pode atuar na transformação social. (Thereza Pegoraro).

COVRE, Maria de Lourdes Manzini. *O que é cidadania*. São Paulo: Brasiliense, 1991. (Coleção Primeiros Passos; v. 250). Relacionada ao surgimento da vida nas cidades, a cidadania significa, em última instância, o direito à vida no sentido pleno. Este livro mostra como esse direito precisa ser construído coletivamente tanto na luta pelo atendimento de necessidades básicas (alimentação, moradia, saúde, educação), quanto num plano mais abrangente, que envolve a discussão sobre o papel do próprio homem no Universo.

DEMO, Pedro. *Participação é conquista*: noções de política social participante. São Paulo. Cortez, 1988. Além de abordar historicamente o tema da participação, o livro sistematiza algumas ideias em torno dela: canais de participação, cultura participativa e seus principais objetivos (autopromoção, realização da cidadania, controle de poder, controle da burocracia, negociação e cultura democrática). Apresenta ainda seus principais riscos, obstáculos e desafios e questões relacionadas à representação, à identidade cultural e ao assistencialismo.

DEMO, Pedro. *A nova LDB*: ranços e avanços. Campinas: Papirus, 1997. Ainda que não se debruce especificamente sobre os problemas do financiamento da educação, o livro de Demo é um trabalho preciso, especialmente no que diz respeito à avaliação, em todos os seus aspectos. Destaca como aspecto positivo o "direcionamento de investimentos financeiros para a valorização do magistério".

FNDE. *Fundo de manutenção e desenvolvimento do ensino fundamental e de valorização do magistério*: guia para sua operacionalização. 2. ed. Brasília: FNDE, 1997. Como o próprio nome indica, trata-se de um guia que simula exemplos, orienta sobre prazos, oferece "minutas". É um trabalho muito prático e objetivo, que orienta e ajuda, sem dúvida nenhuma, os administradores de ensino, na tomada de decisões e providências urgentes no que diz respeito à operacionalização do Fundo.

FREIRE, Paulo. *Pedagogia da autonomia*: saberes necessários à prática educativa. São Paulo: Paz e Terra, 1997. Utilizando uma linguagem acessível e didática o autor reflete sobre os saberes necessários à prática educativo-crítica, fundamentados numa ética pedagógica e numa visão de mundo alicerçadas na rigorosidade, pesquisa, criticidade, risco, humildade, bom senso, tolerância, alegria, curiosidade, competência, generosidade, disponibilidade... "molhadas" pela esperança. A autonomia faz parte da própria natureza educativa. Sem ela não há educação, não há ensino, nem aprendizagem.

GADOTTI, Moacir. *Escola cidadã*. São Paulo: Cortez, 1993. 78 p. Trata da questão da autonomia da escola pública. Nos três primeiros capítulos, faz uma análise conceitual geral de autonomia e relata uma experiência vivida pelo autor. Estabelece então um quadro da situação da educação brasileira relacionado à problemática da autonomia da escola pública, fazendo um paralelo com as recentes reformas educacionais europeias. Acredita que a transformação da escola pública em unidade de despesa, proporcionando-lhe recursos orçamentários, poderia melhorar sua situação, desde que estivesse vinculada à participação e à democratização do sistema de ensino.

GADOTTI, Moacir. *Escola vivida, escola projetada*. Campinas: Papirus, 1992. Neste livro o autor descreve a sua trajetória intelectual e sua experiência educacional e explica como surgiu a ideia de uma escola pública popular autônoma, isto é, a Escola Cidadã. Para ele a Escola Cidadã é a que forma pessoas autônomas. Autonomia conduz diretamente à cidadania. Autônomo não é o indivíduo isolado mas sim o sujeito ativo, sujeito da práxis. Por isso mesmo este sujeito luta por sua autonomia e pela autonomia do outro e de todos.

GADOTTI, Moacir. *Diversidade cultural e educação para todos*. Rio de Janeiro: Graal, 1992. Este livro aborda a relação entre identidade cultural e itinerário educativo, a concepção multicultural e monocultural do currículo e o papel da escola. Discute ainda a retomada da luta pela descentralização da educação e o papel crescente das Organizações Não Governamentais no redirecionamento das políticas públicas em educação.

GADOTTI, Moacir. *Uma só escola para todos*: caminhos da autonomia escolar. Prefácio de Florestan Fernandes. Petrópolis: Vozes, 1990. Neste livro o autor defende a tese do "sistema único", partindo da análise da origem da concepção socialista de educação pública. Ele sustenta que só o Estado pode dar conta do nosso atraso educacional, mas é necessária a participação da sociedade. Defende uma "escola única oniforme, unificada, não uniforme", portanto, autônoma. Uma extensa análise da escola brasileira, do conflito entre o público e o privado nas constituições e as propostas educacionais da sociedade civil para a Constituição de 1988, antecedem a sua defesa do sistema único.

GADOTTI, Moacir; ROMÃO, José Eustáquio (Orgs.). *Município e educação*. São Paulo: Cortez/IPF, Brasília [DF], 1993. 224 p. Este livro apresenta uma coletânea de textos dirigida, principalmente, aos gestores dos sistemas municipais de educação, mas poderá ser muito útil a qualquer educador ou pesquisador da área. O eixo comum dos artigos refere-se à organização da reflexão e instrumentalização sobre/da educação fundamental do município. O livro subdivide-se em seis partes, quais sejam: "Undime: Ator, Personagem, Agente ou Sujeito da Educação Brasileira"; "Estrutura e Funcionamento do Órgão Municipal de Educação"; "Sistema Municipal de Educação"; "Conselhos Municipais de Educação"; "Gestão Democrática do Sistema Municipal de Educação" e, finalmente, "Financiamento e Orçamento da Educação". Por isso, este livro constitui-se em material importante de reflexão-ação sobre os temas descentralização, municipalização, organização e funcionamento da educação e dos sistemas de ensino, bem como referencial indispensável para a compreensão do Sistema Único e Descentralizado de Educação Básica — Sudeb.

GARCIA, Walter. *Administração educacional em crise*. São Paulo: Cortez / Autores Associados, 1991. (Coleção Polêmicas do Nosso Tempo; v. 46). A temática dos textos reunidos neste livro é a *crise educacional* que se vem agravando ao longo dos últimos anos. A crise está alicerçada em causas estruturais profundas, onde avultam a dívida externa e a insensibilidade histórica das elites nacionais, pouco preocupadas com o que se passa além de seus interesses meramente imediatistas.

MARÉS, Carlos. "Eleição de diretores e democracia na escola". *Revista Ande*, São Paulo, v. 3, n. 6, p. 49-50, 1983. Acreditando que a discussão da democracia na sociedade remete ao tema da democracia na escola, afirma que, ao descer à prática, o tema perdeu a magnitude de sua essência, restando apenas os aspectos de sua forma. Para o autor, essa discussão deveria perceber o local social da escola na sociedade pluralista e heterogênea, sem buscar uma homogeneidade castradora e impositiva. A escola precisaria ser democrática, mas a implementação dessa política democrática deveria ser assumida pelo Estado, com base na realidade escolar. Segundo o autor, atualmente, diretores servem apenas como intermediários na implantação de uma política que não ajudaram a elaborar. A escolha da direção faz-se apenas com relação ao plano administrativo. Podem ser encontrados quatro tipos de escolha para direção: a) diretor de carreira; b) concurso público; c) livre indicação; d) eleições. A defesa da eleição, como forma de escolha dos diretores das escolas, pressupõe a criação de uma regulamentação, além do que deve servir como meio para que o povo participe da gestão da coisa pública.

MARQUES, Mário Osório e outros. *O projeto pedagógico da escola*. Brasília: MEC. Secretaria de Educação Fundamental, 1994. 52 p. (Série Atualidades Pedagógicas; 9). Trata-se de uma coletânea de textos produzidos para o painel com o mesmo título, apresentado em Brasília, durante a Conferência Nacional de Educação para Todos. Os autores além de analisarem os pressupostos filosóficos, políticos e pedagógicos do projeto pedagógico, buscam alternativas para a sua elaboração e implantação na escola. Eles o consideram basilar para a construção de planos e de ações voltados para a busca da qualidade de ensino e para a construção de uma concepção cidadã de vida e de sociedade.

MELCHIOR, José Carlos de Araújo. *O financiamento da educação no Brasil*. São Paulo: EPU, 1987. Embora seja uma publicação antiga, o livro de Melchior continua um clássico e sempre atual nas questões mais gerais do financiamento da educação. Nesta obra, ele recupera a história, analisa as principais fontes e estabelece os princípios básicos de análise do financiamento da educação.

MIRANDA, Glaura Vasques de. A questão da autonomia da escola. *Educação em Revista*, Belo Horizonte, n. 9. p. 59-61, jul. 1989. Aponta, como uma das questões de importância para o desenvolvimento de um projeto pedagógico de melhor qualidade, a relação deste com a questão da autonomia da escola. Um maior grau de autonomia possibilitaria qualidade com gestão democrática. A esse projeto liga-se a ideia de recuperação da dignidade da escola pública, perdida em função de práticas excessivamente centralizadoras do Estado. A autora enumera e analisa as condições básicas para que se garanta a realização de um projeto de gestão democrática na escola.

NOGUEIRA, Madza Julita. *Todos pela educação no município*: um desafio para cidadãos. Brasília: Unicef; Cecip, 1993. 133 p. Aborda de maneira didática os direitos educacionais consagrados nas leis e destaca a participação popular como elemento fundamental para a expansão do ensino público ocorrida até os dias de hoje. Ressalta a importância dessa participação como instrumento de intervenção nas políticas educacionais dos municípios, na tomada de decisões. O livro conta com a colaboração de pessoas que estão envolvidas com esses mecanismos de gestão e participação popular, tornando mais acessíveis informações como: a maneira de participar, quem pode fazê-lo, através de quais mecanismos. (...) Mostra a possibilidade de participar da direção e gestão da unidade escolar, bem como do governo municipal, onde a população será corresponsável pelas decisões acerca das políticas públicas para a educação, exigindo que estas se cumpram. Prossegue, dessa forma, esclarecendo como cidadãos podem controlar e fiscalizar a aplicação de recursos públicos.

PARO, Vítor Henrique. "Gestão da escola pública: a participação da comunidade". In: *Revista Brasileira de Estudos Pedagógicos*, Brasília, n. 174, p. 255-290, maio-ago. 1992. Este trabalho é baseado em estudo de caso de cunho etnográfico realizado em escola estadual de 1º grau na cidade de São Paulo, com o objetivo de identificar os obstáculos e as potencialidades da participação do usuário na gestão da escola pública. Discute os determinantes imediatos dessa participação, presentes tanto no interior da escola, quanto na comunidade por ela servida. Entre os primeiros destacam-se os condicionantes materiais, os institucionais, os político-sociais e os ideológicos. Entre os últimos encontram-se as condições objetivas de vida, bem como os condicionantes culturais e institucionais.

PARO, Vítor Henrique. *Eleição de diretores*: a escola básica experimenta a democracia. Campinas: Papirus, 1996. Hoje, a eleição de diretor de escola é uma realidade em várias redes de ensino público no Brasil. Este livro analisa as características e os problemas da institucionalização e da implementação dessa experiência, bem como capta seus efeitos sobre a democratização da gestão escolar e sobre a qualidade e a quantidade da oferta de ensino.

RIBEIRO, Vera Masagão (Org.). *Participação popular e escola pública*. São Paulo, Cedi, 1989. "O novo conselho de escola", p. 25-34 (Cadernos do Cedi, 19). Avalia as contribuições que a implantação dos conselhos de escola deliberativos trouxe para uma efetiva participação popular na escola. O desconhecimento da maioria sobre as atribuições do conselho é, segundo a autora, o principal índice de sua quase nenhuma efetividade. A autora apresenta uma síntese sobre as modificações das funções dos Conselhos de Escola e as respectivas leis que regulamentaram a passagem do caráter consultivo para o deliberativo e da ampliação da representação dos segmentos escolares no decorrer do tempo. O artigo polemiza algumas questões tais como a natureza paritária do Conselho. Para a autora, normalmente o diretor aparece para a população como o grande obstáculo à sua participação na escola.

ROMÃO, José Eustáquio. *Poder local e educação*. São Paulo: Cortez, 1992. Este livro aborda as diversas concepções de descentralização e a questão da municipalização do ensino no Brasil. Apresenta o poder político local, subdividindo-o em poder popular e poder elitista. Faz um balanço da participação dos municípios na educação brasileira, mostra o papel dos Conselhos Municipais de Educação e apresenta um estudo de caso de resistência comunitária à nucleação de escolas unidocentes no meio rural.

SANDER, Benno. *Gestão da educação na América Latina: construção e reconstrução do conhecimento.* Campinas: Autores Associados, 1995 — (Coleção educação contemporânea). A construção do conhecimento no campo da gestão da educação na América Latina é o tema central dos cinco ensaios deste livro. No seu conjunto, os textos constituem um referência da produção intelectual do autor e um registro seletivo do debate político-pedagógico dos anos oitenta e noventa na América Latina examinada no contexto internacional. Além de passar pelo curso da história do pensamento administrativo na educação latino-americana, Sander analisa quatro construções de administração da educação, relaciona gestão da educação com qualidade de vida e trata, ainda, da gestão democrática e qualidade de educação de acordo com os novos desafios da administração pública e da gestão da educação para todos.

SAVIANI, Dermeval. *A nova lei da educação*: trajetória, limites e perspectivas. Campinas (SP): Autores Associados, 1997 (Coleção educação contemporânea). Neste trabalho, Saviani continua sua verdadeira saga à procura do significado do sistema educacional brasileiro, que já vinha perseguindo em trabalho anterior (Educação Brasileira: estrutura e sistema, 7 ed. Campinas: Autores Associados, 1996). Analisa, detalhadamente a tramitação dos projetos de LDB no Parlamento Brasileiro e os avanços e retrocessos da lei aprovada. O item sobre recursos financeiros (p. 221-223) apresenta algumas observações úteis a quem quer estudar o tema, ao mesmo tempo que apresenta posições polêmicas.

SECRETARIA DE ESTADO DE EDUCAÇÃO/SEE-MT. *Sistema Único Descentralizado de Educação Básica.* Cuiabá, 1996. 98 p. Trata-se de um caderno distribuído no Estado do Mato Grosso com a proposta de criação, naquele Estado, do Sudeb. É apresentado como uma proposta de Governo, inspirada no Plano de Metas, e tem por finalidade provocar o mais amplo debate em todo o Estado, de modo a ser emendado, enriquecido e assumido por toda a sociedade. O mesmo apresenta ao leitor uma visão geral e conceitual sobre o que é o Sistema Único e Descentralizado de Educação Básica, bem como substratos conceituais e breve contextualização histórica que se refere ao tema em questão. Além disso, o caderno contextualiza o Sudeb no Estado do Mato Grosso, conceitua a palavra "Sistema" com as suas diversas variantes aplicadas à educação, até chegar no conceito de Sistema Único Descentralizado. O texto apresenta, ainda, as estratégias gerais para a implantação do Sudeb, seus eixos constitutivos — incluindo-se aí o seu financiamento — e analisa esta proposta a partir de uma concepção aberta de sistema educacional que se apoia na gestão democrática, na comunicação direta com as escolas, na autonomia da escola e na avaliação sistêmica permanente do processo, aliados a uma política de qualificação profissional, de modernização e de expansão do atendimento educacional com qualidade.

SILVA, Jair Militão da. *A autonomia da escola pública*. Campinas: Papirus, 1996. Já são bastante conhecidas as críticas dirigidas à escola pública: repetência, evasão, burocracia, descompromisso com o aluno. A fim de superar tal situação, é sugerida com insistência a autonomia da escola. Este livro procura tratar sobre ela. Nele, o leitor encontrará: como uma escola pode conquistar sua autonomia; que condições deve apresentar um sistema escolar que busque a autonomia de suas escolas; que tipo de relações devem ser estabelecidas entre uma escola autônoma e o sistema escolar. Após examinar estudos preexistentes, o autor alerta para o que chama de *esquecimento do sujeito* e apresenta uma proposta de *pedagogia do sujeito coletivo* como fator de re-humanização da escola pública, única possibilidade real de autonomia da escola.

SPOSITO, Marília. Redefinindo a Participação Popular na Escola. In: *Cadernos do Cedi*. São Paulo, n. 19, p. 64, jan. 1989. A professora da Universidade de São Paulo, Marília Sposito, afirma neste artigo que "apesar de gerida e mantida pelo aparato estatal, a escola brasileira não é necessariamente pública. Pelo contrário, é no sistema de ensino que encontramos com maior profundidade, pelo caráter clientelista da burocracia escolar, uma *enraizada mentalidade privatista da coisa pública* (grifo nosso). A estrutura administrativa da escola, determinada e articulada em grande parte a partir das orientações do diretor, que dela toma `posse', a obtenção do consenso pelo servilismo ou pela troca de favores, a nomeação dos cargos de confiança nas instâncias intermediárias ou superiores apoiada em relações tacanhas de clientelismo político, a falta de autonomia para a elaboração e execução de projetos pedagógicos no âmbito da unidade escolar, enfim, esse conjunto de fatores acaba por transformar a educação mantida pelo Estado num grande terreno onde prevalecem interesses pessoais, formas tradicionais de dominação política e concepções privadas de uma atividade que deveria ser essencialmente pública".

SPOSITO, Marília Pontes. "Educação, gestão democrática e participação popular". *Educação e Realidade*, Porto Alegre, v. 15, n. 1, p. 52-56, jan./jun. 1990.

Analisa a democratização do ensino público, questionando a democratização de sua gestão com a participação dos pais, moradores, movimentos populares e sindicais. A gestão democrática no âmbito escolar apresentaria incompatibilidade entre os modelos burocráticos existentes no sistema escolar e as práticas democráticas pretendidas. Dessa forma, não há gestão democrática ao lado de estruturas administrativas burocratizadas, centralizadas e verticalizadas, pois não há canal democrático de gestão que possa ser viabilizado sem uma profunda alteração administrativa das estruturas de organismos ligados à educação.

SPOSITO, Marília Pontes. "Gestão democrática". In: *Tempo e Presença*. Rio de Janeiro, v. 12, n. 251, p. 18-20, maio/jun. 1990. Trata da luta pela gestão democrática na escola como uma das maneiras de nortear procedimentos do sistema educativo, possibilitando aos setores tradicionalmente marginalizados acesso aos serviços educacionais e a melhoria da qualidade do ensino oferecido. A autora defende que não haveria possibilidade de democratização sem a transformação da prática profissional do educador, sem a real participação dos pais, famílias e moradores na gestão escolar e conclui que a gestão democrática poderia oferecer uma alternativa concreta de melhoria da educação brasileira, porém, não isoladamente.

VALERIEN, Jean. *Gestão da escola fundamental: subsídios para análise e sugestão de aperfeiçoamento*. São Paulo: Unesco; MEC, Cortez, 1993. 170 p. Analisa o problema da gestão da escola fundamental centrado na figura do diretor, dando subsídios para ajudá-lo a administrar bem em um ambiente democrático sem, contudo, deixar de perceber os outros elementos constituintes e participar deste universo escolar. Trata da questão da autonomia das escolas e das implicações dessa transferência de responsabilidades no contexto da democratização da gestão escolar. Ao mesmo tempo que apresenta pontos de reflexão importantes para a conceituação e análise da gestão democrática autônoma da escola, o texto traça paralelo com as "vantagens" da centralização das decisões. Quanto à gestão da escola, explica que o diretor não deve ser o único a decidir, mas sim que deve propor e solicitar a colaboração dos outros envolvidos no projeto da escola (Thereza Pegoraro).

VASCONCELLOS, Celso dos S. *Planejamento*: Plano de Ensino-Aprendizagem e Projeto Educativo — elementos metodológicos para elaboração e realização. São Paulo, Libertad, 1995 (Cadernos Pedagógicos do Libertad, v. 1). O livro é um texto sobre a educação, porque é um livro sobre o planejamento da educação. O autor escreve para professores, para dirigentes educacionais e demais profissionais da educação e oferece instrumentos e elementos metodológicos e processuais que poderão favorecer uma ação pedagógica que leve em conta os fundamentos históricos, antropológicos e epistemológicos da educação e, ao mesmo tempo, os contextos em que a mesma é realizada. Nesse sentido, apresenta e analisa os vários níveis de um planejamento, de um plano de ensino-aprendizagem e de um projeto educativo, contribuindo para a realização de diagnósticos escolares e para a compreensão do planejamento como instrumento da práxis pedagógica.

VEIGA, Ilma Passos (Org.). *Projeto político da escola*: uma construção possível. 2. ed. São Paulo: Papirus, 1996. Os autores desta coletânea buscam a organização do trabalho pedagógico por meio da constituição de um projeto político e pedagógico. Através de um processo permanente de reflexão e de discussão dos problemas da escola, procuram alternativas viáveis à efetivação de seu objetivo, a saber, a construção de um processo democrático de decisões que visa eliminar as relações competitivas, corporativas e autoritárias, rompendo com a rotina burocrática no interior da escola. Os textos estão organizados em torno de temas como: construção coletiva, gestão na escola, relações de poder, autonomia, princípios básicos de planejamento participativo, relações ensino-aprendizagem, organização dos educadores e debate fundamental sobre as questões referentes à qualidade de ensino para todos que tem por fio condutor a defesa do fortalecimento das relações entre escola e sistema de ensino.

VIANNA, Cláudia Pereira. "Divergências mas não antagonismos: mães e professoras das escolas públicas". *Cadernos de Pesquisa*. São Paulo, n. 86, p. 39-47, ago. 1993. Trata da relação entre o Movimento Estadual Pró-Educação (Mepe), constituído de mães de alunos e professoras das escolas estaduais de São Paulo. A condição de mulher foi um primeiro fator de aproximação de mães e professoras, pois algumas professoras eram também mães de alunos. A autora analisa o apoio das mães às reivindicações do professorado e mostra as tensões que ocorreram no processo. Conclui que a luta pela melhoria da qualidade de ensino adquirirá força quando professoras e mães explicitarem os valores e critérios que as distinguem, convivendo com as diferenças e conflitos que isso implica. (Thereza Pegoraro).

VIANNA, Ilca Oliveira Almeida. *Planejamento participativo na escola*: um desafio ao educador. São Paulo: EPU, 1986. Fundamenta, sintetiza e relata o trabalho pedagógico efetivado em uma escola de 1º grau do estado de São Paulo, que se propôs a desenvolver o trabalho pedagógico a partir de um planejamento participativo, comunitário, político, envolvendo atividade conjunta da escola, família e comunidade. Tem a preocupação com um processo educativo centrado no aluno e sua realidade pessoal e contextual, que se efetive como uma tarefa contínua e política, onde a comunidade participe não só de execuções de ações, mas de decisões, acompanhamento e controle das ações propostas. Procurou transformar a escola em centro polivalente, em ambiente de ideias inovadoras, em veículo de dignificação do homem estabelecendo entre professores, família e comunidade um verdadeiro trabalho integrado, gerador de mudanças em todos os aspectos. Esta proposta é desafiadora, segundo a autora, na medida em que tem que vencer entraves como a descrença das pessoas para sua efetivação, a ingerência da hierarquia burocrática do sistema, a dificuldade de integração com os demais níveis e grupos da própria comunidade, além do imediatismo que caracterizam o povo brasileiro. Entre esses riscos, figura a manipulação do trabalho pela assessoria especializada e a pseudoparticipação da comunidade, geralmente direcionada pelos poderes públicos. (Thereza Pegoraro).

XAVIER, Antônio Carlos da Ressurreição; MELLO, Guiomar Namo de; SILVA, Rose Neubauer da; SOBRINHO, José Amaral (Orgs.). *Gestão Educacional*: Experiências inovadoras. Brasília (Série Ipea, n. 147), 1995. O Instituto de Pesquisa Econômica Aplicada (Ipea) vem acompanhando as inovações na gestão do sistema educacional e escolar. Nesse sentido, tem desenvolvido estudos e pesquisas com o objetivo de identificar as mudanças ocorridas nos últimos anos na concepção e gestão das unidades escolares, bem como as perspectivas que se abrem para a melhoria da qualidade do ensino. O volume n. 147 apresenta doze experiências de novas formas de organização e gestão educacional em diferentes regiões do país. Duas delas têm como objeto sistemas estaduais e dez se voltam para sistemas de ensino no nível municipal.

XAVIER, Antônio Carlos da Ressurreição; MARRA, Fátima; SOBRINHO, José Amaral (Orgs.). *Gestão escolas*: desafios e tendências. Brasília (Série Ipea; n. 145), 1994). Este volume, n. 145, da Série Ipea, discute os novos desafios impostos à gestão escolar num mundo caracterizado por rupturas contínuas e aceleradas de paradigmas. Analisa as inovações que estão ocorrendo na gestão da Educação em Estados e Municípios selecionados, as mudanças que a ampliação do processo de decisão da escola trouxe para seu perfil e funcionamento, as experiências que vêm sendo realizadas no país, em escolas públicas e privadas, com a "Gestão da Qualidade Total" e, por fim, analisa as experiências de avaliação do contexto da melhoria dos processos e da qualidade do ensino, bem como identifica o que qualifica a escola.

GRÁFICA PAYM
Tel. (11) 4392-3344
paym@terra.com.br